読んで旅する よんたび

待ちあわせは北欧で

森 百合子

大和書房

はじめに

おふとんの中から北欧へ、ふたたび！

前著『探しものは北欧で』が、おかげさまで版を重ねることができ、続編を書けることになりました。前著を手にしてくださったみなさまには、あらためて厚く御礼を申しあげます。

深夜のラジオ番組のように、北欧で過ごした旅の時間を届ける本。寝る前のひととき、おふとんの中から北欧を旅している気分になれる、そんな本にしたいと書きはじめた前著につづいて、今回もみなさんを北欧のあちこちへご案内したいと思っています。

今回は、わたしが10年以上、家族のようにつきあっている友人たちとのエピソードをはじめ、さまざまなご縁で出会った人との交流について多く書いています。クリスマスのならわしにビックリしたり、公園とも森ともちがう、自然と過ごせる場所へ行ったり。

彼らとの交流がなければ見ることはなかったであろう景色や、体験できなかった時間について書きました。タイトルにある「待ちあわせ」という言葉には、人とのつながりが旅のおもしろさを広げてくれた、そんな意味も込めています。

そして今回の本では、

「北欧、思ってたのとちがった！」

と感じた体験もあれこれと書いています。これは担当編集さんからのリクエストでもあったのですが、たしかにはじめての旅から最近の旅に至るまで、何度となく「思ってたのとちがぅ！」と驚いてきました。

フィンランドといえばシンプルなデザインの国でしょ……と思い込んでいたらちがったとか。北欧の森といえばベリーとかキノコとか、森の恵みをいただく場所だと思っていたら、いただくだけじゃなかったとか。寒い北の国に、泳ぐのに最高の場所があったとか。そんなところで泳いでいいのかとか。実際に旅してみないとわからなかった「そうだったんですか」な体験についても綴っています。

北欧を旅して今年でちょうど20年になります。まさかそんなにずっと北欧を繰り返し、旅するとは思ってもいませんでした。世界地図に1本ずつピンを挿していくような、見知らぬ土地を次々に訪れる、そんな旅の仕方にも憧れていました。今度はここへ、次はあの国へ。なのにまた北欧を旅している。北欧旅行を計画している。「もしやこれでまたわたしは、他の国を知る機会を失ったのか？」なんて自分につっこみを入れてしまうこともあります。それでもまた、旅から戻ると、次は北欧のどこに行こっかなあ～なんて考えています。

「北欧といっても、国によって、ぜんぜんちがうんですね」。

前著の感想で、とくに多く届いたのがこの言葉でした。それが伝わるといいなと思っていたことのひとつだったので、とっても嬉しかったです。国や地域によってもちがいますし、季節によってもちがって、まだまだ見たい、体験したい北欧があるんですよね。このままいくと老後の旅エッセイも書けそうです（書きたい）。

この本の原稿が最終コーナーに差し掛かった頃、立ち寄った書店で『再読だけが創造的な読書術である』と題した本が目に留まりました。タイトルどおり、再読のよさを伝える本です。本を繰り返し開くことは自分自身と向き合うことである——。表紙にはそう、書かれていました。同じ場所を旅するのも、そういうことなのかもしれないなと思います。繰り返し旅をしていると、よく思うんです。自分にとって、どういう時間が大切なのか、自分はどんな町に暮らしたいのか、よりくっきりと見えてくるな、と。

北欧を旅してみたい方、北欧を旅したことがある方、そしてひとまずは読んで気軽にびゅーんと北欧まで旅してみたい方に、この本が届きますように。

2025年3月

森 百合子

待ちあわせは北欧で　目次

第2章 家族みたいな時間

第3章 町を歩いて好きをみつける

第4章 忘れられない旅について

第5章 北欧らしさってなに？

＊本書では、ノルウェー、スウェーデン、デンマーク、アイスランド、フィンランドの北欧5か国とエストニアを紹介しています。国連の分類ではバルト三国も北欧とされています。

第1章 こうして旅がはじまる

待ちあわせは北欧で

旅先で、待ちあわせをしたことはありますか？
空港で、ホテルで、カフェや蚤の市で。旅先での待ちあわせはドキドキしますが、相手を見つけたときのほっとする感じ、嬉しさはひとしおです。なんだか旅の上級者になった気もします。

両親と一緒に北欧を旅したときに待ちあわせをしたのは、ヘルシンキのホテルでした。わたしと夫はすでにデンマークから旅をはじめていて、日本から直接フィンランドへ来る父母と、ホテルで落ちあうことにしたのです。初めてヘルシンキを訪れる二人がわかりやすいようにと予約したホテルは、ヘルシンキ中央駅の目の前にあるソコスホテル・ヴァークナ。フィンランドで広くチェーン展開しているホテルのひとつですが、なかでもソコス・ヴァークナは1952年のヘルシンキオリンピックに向けて建設されたという物語のある場所なのです。

1950年代といえば、それまでの装飾的な要素を削った機能主義デザインが主流となった時代。「シンプルで機能的」と表現されることの多いフィンランドデザインが花開いていく時代でもあります。ソコス・ヴァークナもまさに時代を反映した質実剛健な外観ですが、ロビーに一歩入ると、そこにはエレガントで贅沢な空間が広がっているのでした。

華麗なるフィンランド

わたしが最初にヴァークナに宿泊したのは、両親と旅する1年前のこと。それが初めてのフィンランド旅行でした。建築家アルヴァ・アアルトのデザインを、現地でこの目で見たい！　との思いが高まり、ついに来訪を決めて、フィンランド滞在期間のほとんどをアアルト建築探訪にあてた旅でした。フィンランドデザインといえばアアルト。シンプルでモダンなアアルトの建築こそがフィンランドデザインのスピリットである。そんなふうに単純に思い込んでいたわたしの目を覚ましたのが、ヴァークナのロビーでした。

まず目に入るのは、フロントデスク手前にある円形のロビー。曲線を描く壁に沿って、高い背もたれの一人掛けソファがぐるりと配置されています。天井には円形の吹き抜けがあり、壁には、鳥や雲のレリーフがちりばめられています。一つひとつのソファの間には読書灯が置かれ、ランプシェードからこぼれる光が、すこし薄暗いロビーの空間に明るさをもたらしていました。フロントデスクへ向かう天井には、乳白色のガラスシェードが連なるシャンデリア照明が吊り下げられ、細い金属で作られた花のモチーフにも目を奪われました。

外観の直線的でモダンなデザインとは裏腹に、アール・ヌーヴォーの残り香のようなモチーフで彩られたロビーを見て、わたしは興奮していました。

「わたしの思っていた北欧デザインとちがう……。ちがうけれど、美しい！」

まだフィンランドデザインが世界にその名をとどろかせる前、オリンピックで世界中から集まってきた人々も、そんなふうにこのロビーで驚嘆したでしょうか。ロ

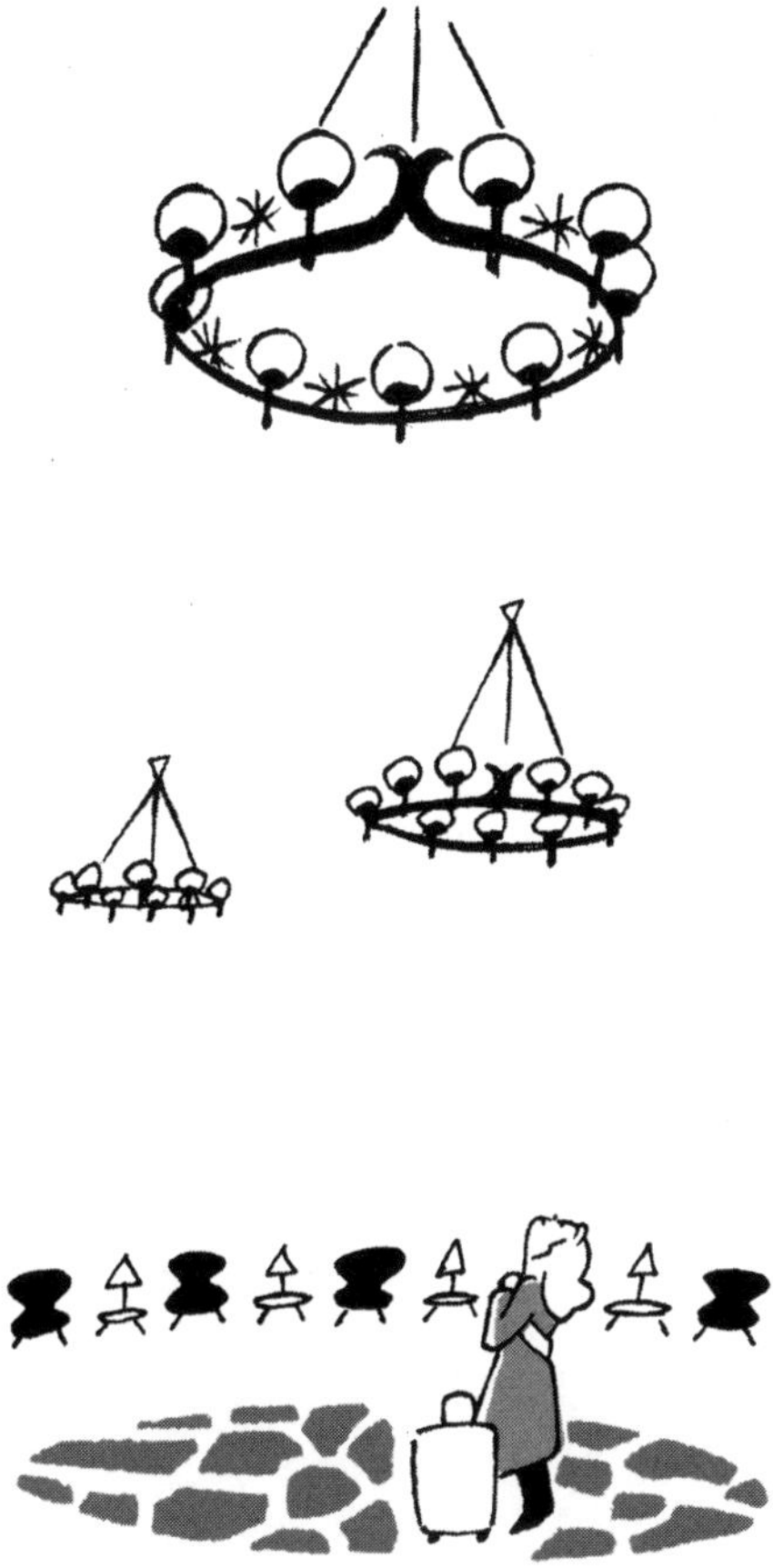

シアやスウェーデン、ドイツなどの大国に翻弄され、表舞台に出ることはなかった北の小さな国。豊かとはいえない土壌で、枯れた寒い国のイメージを持つ国に、こんなにも優美なデザインがあったのだと。

後に知ることになるのですが、ヴァークナの照明を手掛けたのはパーヴォ・テュネルというフィンランドを代表する照明デザイナー。アアルトよりもすこし上の世代で、フィンランドで家庭用電球が普及しはじめた時代に、美しい灯りの数々を生み出した人物です。

ヴァークナを出て、すぐ目の前に建つヘルシンキ中央駅にもテュネルの照明が使われています。中央駅は、フィンランドがまだロシア支配下にあった時代から建設計画されていたもので、1917年の独立を経て、2年後に竣工しています。アール・ヌーヴォーからモダニズムへと時代をまたいで活躍した建築家、エリエル・サーリネンによる設計で、新しい時代への希望がこめられた佇まいです。

エントランスホールへの扉を開けると目に飛び込んでくるのが、高い天井から吊るされたパーヴォ・テュネルの照明です。シリンダーのような細長いシェードが連なるモダンなシャンデリアで、穏やかな光が到着した人々をやさしく迎える様子は、思わず写真を撮りたくなります。もし中央駅で写真を撮ったことがあるとしたら、あなたの写真にもテュネルの灯りが写っているかもしれません。

中央駅にはもうひとつ見どころがあり、正面入り口の両脇にはランタンを持つ巨大な石像が立っているのです。キヴィミエヘット（石男の意味）の愛称で親しまれる石像たちも、市民に愛されるヘルシンキの顔。冬にはニット帽をかぶったり、コロナ禍では率先してマスクをしたり、ときどき旬のアイテムを身につけているのもお茶目です。渋谷のハチ公ならぬ、ヘルシンキの石男も、待ちあわせの目印にいいかもしれません。

さてホテル・ヴァークナでは無事、両親と合流することができました。ロビーに入ってきて満足そうな顔をする二人を見て、ここで待ちあわせにしてよかったと思いました。わたしもほんの1年前に訪れただけですが、自分が魅せられた空間を、父母も喜んでいる様子を見るのはまたちがった嬉しさがありました。そして、「素敵なロビーでしょう」と先輩風を吹かせて、まるでホテルのスタッフかのごと

く、フロントデスクへと案内するのでした。

空港で、待っていたもの

日本から北欧へ旅するときには、直行便が飛んでいるフィンランド航空かスカンジナビア航空を利用することが多いです。スカンジナビア航空は、スウェーデン、デンマーク、ノルウェーのスカンジナビア3国が運営するエアライン。3国の共同運営というのは世界でも珍しいそうですが、言語的にも民族ルーツ的にも兄弟のようなスカンジナビア3国だから実現しているのでしょう。

スカンジナビア航空を利用した際に、機内でこんなことがありました。飲みものをサービスするタイミングに二人のスタッフがそばに来ました。機内が空いていたこともあり軽く会話をしたところ、わたしが北欧に興味を持って取材していると知った二人がコントのような会話をはじめました。

「北欧デザインっていうけど、ほとんどデンマークだからね」

「いや、スウェーデンにもいいデザインはあるよ」

「じゃあ名前をあげてみてよ。デンマークにはヤコブセン、パントン、ウェグナー……そのぐらい有名な人がいるかな?」

「えっと、○○とか………」

「知らない、そんな人。巨匠とはいえないでしょ」

デンマーク人のスタッフが、スウェーデン人スタッフにひたすらつっこみを入れているのでした。最後に、

「北欧の人間は、スウェーデン人の悪口を言うと一致団結するんだよ。この人たち、いけすかないから!」で締めくくりとなりました。どうやら経済、人口ともに北欧トップのスウェーデンいじりは、北欧ジョークの定番のようです。

さて、そんなスカンジナビア航空の拠点となっているのがコペンハーゲンのカストラップ空港です。木をふんだんに使ったロビーや、ピクトグラムによるわかりやすい案内、空港内で使うカートや待合の椅子のデザインなど「さすが北欧。グッドデザインの国!」と、到着すぐから気分があがる空港です(デンマーク人スタッフが、我こそはデザインの国と自慢げに話すのも納得です)。

ここで到着時に毎回楽しみにしているのが、手荷物をピックアップした先の、到着ロビーへの扉が開く瞬間です。スーツケースを片手に進むと自動扉がゆっくりと開き、そこで目に入ってくるのは、通路の両脇にひしめくお迎えの人々。その手には赤地に白のデンマーク国旗がたくさん、はためいているのです。北欧の人々はみな自国の国旗が大好きで、お祝いのケーキにも国旗が飾られ、洋服にあしらわれていることもあります。旅の途中もさまざまな場所で国旗を見かけるのですが、空港のお迎えで目にするデンマーク国旗にはいつもときめいてしまいます。あれを見ると「わーい、デンマークに到着したぞ！」と感慨深く思います。

いまでは家族のようにつきあっている友人のキルステンが、初めて空港に迎えに来てくれたときも、その手にデンマークの国旗がありました。

「おお、私のためのデンマーク国旗だ……！」

はためく国旗に感激したことは忘れられません。

朝ごはんにアレがない

旅先で食べる朝ごはん。一日をはじめる朝ごはん。さて、北欧の朝ごはんといえばどんなものが思い浮かぶでしょうか。初めての北欧旅行で訪れたコペンハーゲンのホテルで朝食に並んでいたのは、ハムやサラミなどのコールドカットにレバーパテ、チーズ各種にパン。ヨーグルトもジャムもジュースも数種類ずつありましたが、野菜がない。ほとんどない。きゅうりしかない。「出遅れたから、なくなっちゃったのかな?」とも思ったのですが、翌朝も見あたりませんでした。

あれから十数年。北欧各国を旅して、ホテルや友人の家で朝食を食べてわかったこと。やはり野菜が圧倒的に少ないのです。きゅうりだけ、は極端なケースだったようですが、定番の野菜といえば、うすーく切ったトマトとパプリカ。北の土地だからか、レタスなど葉物が少ないのです。きゅうりはたくさんあるというのに。

一方、北欧の朝食ビュッフェで嬉しいのは、ベリーの種類が豊富なこと。ベリー系のジャムはたいてい数種類、置いてあり、ヨーグルトにかけるフルーツソースにもブルーベリーやいちご、ラズベリーなどがたっぷり入っています。さすがベリーの国。ちなみに北欧ではベリーは果物の一種というよりは、別カテゴリーとして独立していると聞きました。スーパーマーケットへ行くと、野菜コーナー、果物コーナー、ベリーコーナーといった感じで一大勢力としての存在感があるのです。

伝統の味を朝食で

ホテルの朝食では、その国ならではの味に会えることも多いです。たとえばフィンランドなら、牛乳粥をライ麦の生地で包んだカルヤランピーラッカ（カレリア地方のパイという意味です）、スウェーデンなら魚卵が入ったチューブ入りのペースト、ノルウェーならサバのトマト煮ペースト。ノルウェー人やスウェーデン人が大好きな、ワッフルメーカーを置いているホテルもありました。

デンマークのホテルに泊まったとき、「朝から焼き立てデニッシュを食べられるかな〜」とワクワクして朝食ビュッフェに向かったのですが、ありませんでした。デニッシュの国なのになぜ……！　と落胆しましたが、友人に聞いたところ「デニッシュというのは、週末のお楽しみ。平日の朝から食べるもんじゃない」と諭されました。なるほど。

デンマークといえば、真っ黒くて四角いライ麦パンをよく食べます。あれも朝食ビュッフェにあるだろうと思っていたら、ありませんでした。デンマークでは朝食には白くて丸いパンを食べるのが一般的で、黒くて四角いパンは具をのせてオープンサンドにして昼に食べるものなのでした。パンに朝用と昼用があるのか、と驚いたものです。

北欧の食といえばニシンの酢漬けも有名です。現地では酢漬けだけでなく、サワークリームや、甘めのマスタード、トマトソースでマリネしたものなど種類も豊富。フィンランドやスウェーデンでは朝食ビュッフェでもニシンのマリネが数種類並んでいて、朝からニシンが選べる〜と盛りあがりましたが、デンマークでは見かけませんでした。これもまた尋ねてみたところ、

「朝からニシンは食べない。ニシンのマリネは昼に食べるもの」。

北欧の食、似ているようで、お国ごとのルールがあるのがおもしろいです。

デンマークでいつもお世話になる友人宅での朝食メニューは、白い丸パンか、ライ麦がすこし入った茶色のパンにバターとチーズ、ハムまたはサラミ。ヨーグルトとはちみつ、またはベリーのジャム。ゆで卵。完。野菜は潔いほどにナッシング。

そしてゆで卵はいつも、とてもかわいいエッグスタンドにのって出てきます。カラフルなイラストが描かれたビンテージの陶器製のもの。パステルカラーのプラスチック製のもの。普段、日本ではこうしてゆで卵を一人ひとつ食べることなどないのですが、デンマークに来て毎朝食べていると、朝食にゆで卵のある暮らしもいいなあと思います。それほど北欧のエッグスタンドって、かわいいんですもの！

野菜はなくても、バターとチーズがおいしいのでよし。きゅうりはチーズといっしょにパンにのせて食べるとおいしい。チーズにベリージャムを合わせてもおいしい。野菜いらない。

十数年、旅をしてわたしもすっかり北欧式の朝ごはんに慣れました。いまでは「あれこそが、おいしいのよね」と思うようになっています。

アートと遊べる、こんな場所

北欧の町を歩いていると「アートやデザインとの距離感がいいな」と感じます。気軽に触れたり、作品と遊べる場所もあります。旅を計画するとき「またあそこに行きたいな」と思い浮かぶ、そんなアート&デザインスポットをご紹介しましょう。

レイキャビク――アイスランド

レイキャビクの町の真ん中にはチョルトニン湖と呼ばれる大きな湖があります。ハクチョウやカモなどさまざまな水鳥が集まり、湖のまわりには歴史ある教会や邸宅があって散策も楽しめます。冬場は、凍った湖面でアイススケートを楽しむ地元っ子の姿も見られ、ほっとひと息つくのにぴったりの場所。この湖のまわりでは、さまざまな彫刻作品も楽しめるんです。

湖のそばのベンチに腰掛けようと見たら、座っていた先客が彫刻作品でした。国を代表する詩人の像でしたが、隣に座れるなんておもしろいですよね。

もうひとつ、チョルトニン湖にあるユニークな彫刻作品は、湖に浮かぶように建つ市庁舎のそばに立っています。「無名の官僚へのモニュメント」と名付けられた作品で、スーツを着てブリーフケースを持ち市庁舎に向かって歩いているのですが、上半身が溶岩を思わせる巨大な岩に覆われているのです。これは物言わぬ、顔のない官僚への批評的な作品なのか、それとも働く人々へのオマージュか。どう捉えたらいいかと、足を止めたくなる作品です。

そして、レイキャビクの町は家の壁がとってもカラフル。グリーン、イエロー、ピンクにブルーと鮮やかに彩られたトタン壁の家が並び、旅人の目も楽しませてくれます。カラフルな外壁には理由があって、アイスランドでは建材となる木が少ないこと、また横殴りの雨が多いことからトタン壁の家が普及し、薄曇りの空や寒い冬の鬱々《うつうつ》とした気分を吹き飛ばすべくカラフルな壁色が選ばれたといわれています。

時折、あっと驚くグラフィティアートも自由自在に描かれているので、どうぞお見逃しなく。

オスロ――ノルウェー

ノルウェーの芸術といえばムンクですが、わたしの推しはヴィーゲランさんです。町の西側にあるヴィーゲランパークは、彫刻家グスタフ・ヴィーゲランが作った200以上もの作品が楽しめる広大な彫刻公園です。そのうちのひとつが、かの有名な「おこりんぼう」の像。子どもがプンプンに怒っている表情といい、肩をいからせたポーズといい、実物を見ると思わず笑いがこみあげてきます。そう、ヴィーゲランの彫刻作品はとても愉快なのです。小さな子どもを何人も振りまわしているかのような彫刻、背負い投げを決めているかのような作品、両手を広げて「ゴール！」を決めているようなポーズ。一人で200体以上もの作品を作るなんて、孤独な作業でもあったろうに、彫刻たちを見ていると笑いがじわじわとこみあげてきます。どう見ても芸術だけれど、どう見てもおもしろい。そして見ていると、真似したくなること必至です。

オスロの友人カップルは持ち前の身体能力を活かして、背負い投げ彫刻の前で、躍動感あふれるポージングで真似をして写真を撮っていました。公園を見まわすと、時々そうして真似したり、銅像と一緒に写真を撮っている人を見かけます。わたしも何かやりたくなって、どれにしようかと銅像を物色し、険しい顔つきで体育座りをしている2体の銅像に混ざって撮影をしました。

ヴィーゲランパークは、公園の奥に進んでいくと小高い丘があって、そこから眺めるオスロの町も美しいです。

ヘルシンキ――フィンランド

ヘルシンキ中央駅から地下鉄で西へ2駅ほど行ったルオホラハティ地域に泊まったときのことです。早朝に目が覚めてしまったので、ホテルの裏手から見えた公園まで散歩しに行きました。海に面した公園が予想以上に気持ちよく、そのまま海沿いに歩いていったら、きれいな墓地にたどりつきました。もしやここは……とスマホで調べたら、建築家のアルヴァ・アアルトや、ムーミンの作者であるトーベ・ヤンソン、軍人で大統領にもなったマンネルヘイムなど各界の著名人たちが眠る墓地なのでした。

アアルトの墓をはじめ、アーティストが眠るエリアは広い敷地内の南側にあるオールド墓地と呼ばれる区域にあります。アアルトの墓は、アーティスト墓地の入り口にどーんと設《しつら》えてあり、フィンランドにおける彼の存在の大きさが伝わってきます。その横には、やはりフィンランドを代表するデザイナー夫妻、タピオ・ヴィルカラとルート・ブリュクの墓石がありました。Tの字に組まれた墓石は彫刻作品のようでもあり、彫刻からガラス製品までさまざまな分野で活躍したタピオを偲ばせる佇まい。トーベ・ヤンソンのお墓は細長い墓石の上にかわいらしい男の子の銅像がちょこんと乗っていて、墓石の脇にはムーミンやミィの人形が置いてありました。きっと国内外のファンからのお供えなのでしょう。映画『かもめ食堂』に出てくるコーヒーポットや、ヘルシンキ地下鉄のデザインなどで知られる工業デザイナー、アンッティ・ヌルメスニエミのお墓も偶然見つけたのですが、長方形の墓石に名前のみと、究極のシンプルネスにしびれました。墓石にもそれぞれの個性が表れているようで、裏・北欧デザイン探訪をした気分になりました。

ストックホルム——スウェーデン

ストックホルムでは、地下鉄に乗るだけでアートに触れられます。ストックホルムの地下鉄は岩盤をくりぬいて作られており、むき出しの岩盤にはさまざまなペイントや装飾がされ、構内に銅像が置いてある駅もあって「世界でもっとも長い美術館」と称されているのです。このアートプロジェクトはストックホルム中央駅がオープンした1957年からはじまっていて、現在は90以上もの駅で見られます。

わたしのお気に入りは、中央駅のレッドラインとグリーンラインのホームで観られるレトロなタイルアート。ストックホルムの地下鉄はレッド、グリーン、ブルーと3つの路線に分かれていて、中央駅ではホームによって見られる作品がちがいます。ちなみにブルーラインのホームでは、花と葉をモチーフにしたペイントアートが楽しめて、爽やかな色づかいに心癒やされます。

地下鉄に乗って中央駅から南へ2駅行ったスルッセン駅のそばでは、マンホールの蓋を開けて地面から顔を出している男性の彫刻を偶然見つけました。作品のまわりを実際の工事中のように標識で囲っているユーモラスな作品で、思わず足を止めてしまいました。「The Humor」と名付けられた1967年の作品で、モデルとなったのは当時「スウェーデンでもっともおもしろい人間」に選ばれたコメディアン、ハッセ・アルフレッドソン。どうりで笑いを誘うわけです。彫刻の作者は「作品は人がよく訪れる場所に置くべきで、美術館に置いて評論家だけが作品を評価すべきではない」との名言を残していますが、わたしもそういう作品が大好きです。

現在は新しい場所へ移動させるために展示停止中とのことですが、またどこかの街角で会うのが楽しみです。

コペンハーゲン——デンマーク

コペンハーゲンの運河沿いは、ブラックダイヤモンドの名で知られる王立図書館やオペラハウスなどの美しい建築、そして有名な人魚姫像もある観光スポット。近年は、運河にできたプールも注目されています。かつては工場排水や下水による汚染が深刻でしたが、市の取り組みで水質改善が本格的に進み、いまではコペンハーゲンっ子の夏の遊び場となっているんです。

イスランズブリュッゲと呼ばれる地域にできた遊泳場は、いまをときめくデンマークの建築家ビャルケ・インゲルスによる設計。船のファンネル（煙突）をイメージした赤と白の監視員台や、船首を思わせる飛び込み台が目を引きます。いちばん高いところで5メートルほどある飛び込み台から軽々と飛び込む地元っ子たちを眺めるだけでも楽しいのですが、ある夏の日、つられてわたしも挑戦してみました。いちばん低い段から飛び込むのがやっとでしたが、それでもずっと眺めるだけだった運河に入って遊べたのは嬉しかったですね。

遊泳場といえば、コペンハーゲンの北にあるベルビュービーチは建築家のアルネ・ヤコブセンがデザインを手がけた海岸。水色と白のストライプの監視台をはじめ、ビーチバレーのポールや売店、更衣室もヤコブセンによるデザインです。デザイン誌で見たベルビュービーチは人の気配がなく、アート写真のようでしたが、晴れて気温も高い日に出掛けたら「ここは湘南か。伊豆の白浜か」というほどの混雑ぶり。閉まっている状態しか見たことのなかった売店や更衣室も大にぎわいで、やはりいいデザインは実際に使われている様子を見るのがいいなと思った次第です。

最悪。をめぐる旅

自分が好きな町、何度も歩いている町が、映画の舞台になっているとワクワクします。コロナ禍で旅ができなくなっていた2022年の夏に、日本で公開されたノルウェー映画『わたしは最悪。』はオスロの町が舞台でした。器用だけれど移り気で、仕事も恋も長続きしない主人公ユリヤが、コミック作家として成功しつつあるアクセルと情熱的な恋に落ちるも、彼の成功にコンプレックスを感じ、彼に見え隠れする男尊女卑の考え方にも次第にうんざりして、また別の恋を見つけてしまう。そんな一筋縄ではいかないほろ苦いストーリーですが、物語とは裏腹にオスロの町がとにかく美しく、爽やかに映し出されていました。

『わたしは最悪。』の最初のシーンは、町の東に位置するエーケベルグの丘からはじまります。エーケベルグといえば、ムンクの『叫び』が生まれたといわれる場所で、丘の上には高級レストランがあり、そこで開催されていた恋人アクセルの祝賀会を抜け出して、ユリヤはひとり家路につくのです。

「険しい山の上のように見えるけど、町中まで意外に近くて歩いて戻れるんだよね」

映画がはじまって間もなく、わたしは主人公とオスロを歩いていました。

ユリヤが新たな運命の人アイヴィンに出会うのは、エーケベルグの丘を下りてから間もなくの、古い建物が残るオスロの旧市街。建物のひとつで行われていたパーティに紛れこんで知りあうのです。

「あの辺りなら中庭にもするっと潜り込めそうなものよね」

知っている場所が映るたび、現地を歩いた思い出がよみがえります。

恋に落ちたユリヤとアイヴィンが再会して目指したのは、オスロでもっとも美しい公園といわれるサンクトハンスハウゲン公園でした。この公園の目の前には、わたしの大好きなカフェ、ヤヴァがあります。目を凝らして画面を見つめると、二人が歩く背後にヤヴァの入り口が見えました。


じつは本作の劇場用パンフレットで「映画に出てくるオスロのスポットを解説す

る」という仕事が幸運にも舞い込みました。それで試写用の映像をもらって、繰り返し観ることができたのです。何度も観るうちに、朝起きて、

「あれ？　旅をしていたのではなかったっけ」と寝ぼけるようになり、旅ができるようになったらオスロの町を歩きたい、歩くぞとの思いを募らせていきました。

ロケ地めぐりは突然に

2024年の初夏、夫とともに、ついにオスロを訪れることになりました。真っ先に向かったのは、美しいサンクトハンスハウゲン公園です。ゆっくり訪れるのは初めてで、ヤヴァに寄って買ったコーヒーを片手に、公園内を散策しました。

「わあ、ユリヤとアイヴィンが眺めていた景色だ！」

彼らが見ていた夜明けの光とはちがいましたが、快晴の早朝に公園から眺めるオスロの町の美しいこと。二人が座っていた公園のベンチも見つけて腰掛けました。

時刻はまだ朝の9時。

「このままロケ地めぐりをしてはどうか？」と思いつきました。店や美術館がオー

プンするまでにはまだ時間もあるし、天気は最高。ひさしぶりの旅で、どこから町をまわろうかと決めかねていたのですが、がぜん気分が盛りあがってきました。

公園の脇から通りへ出ると、映画のメインビジュアルにも使われた、ユリヤがアクセルの家へと走って戻るシーンの道が見えました。

「あ、あのバルコニーに見覚えがある」

映像で何度も観た記憶がよみがえってきました。スマホで『わたしは最悪。』のメインビジュアルを探し出し、確認します。後ろに信号が映っているから、もうすこし下かな……ときょろきょろしていたら、夫がスマホをのぞいて言いました。

「後ろに横断歩道のラインが見えるから、たぶんそこ。はい、そこに立って」

突然スタートしたロケ地めぐりに巻き込まれた夫ですが、カメラマンとしてのスイッチが入ったようです。「あー、もう　ちょっと右かな、もうちょっと、はい、そこ、そこで止まって」と今度は唐突に撮影がはじまりました。

「はい、こんなもんかな」と言う夫のスマホをのぞくと、メインビジュアルと同じアングルの写真が撮れていました。

「このままアクセルが暮らしていたウラニエンボー地域まで行こうと思います」と

夫に説明しながらグーグルマップで位置を確認します。ユリヤが走ったと思われるジョゼフィン通りを下ってしばらく行くと、庭付きの豪邸が建ち並んでいるのが見えました。コロニアル風の家など歴史を感じさせる邸宅が多く、オスロにこんな住宅街があったのかと驚くばかり。アクセルが暮らしていたのは、その先にある集合住宅ですが「それでもこの辺りに暮らせるとは、きっと相当、稼いでたんだな」との思いを強めます。映画の後半では、新しい彼となるアイヴィンの部屋も出てくるのですが、思えば部屋の格差がしっかり描かれていたことを思い出しました。

その後は、新しいムンク美術館やオペラハウスが並び、再開発で盛りあがるビョルヴィーカ地区へ移動して、アイヴィンがバリスタとして働いていたイケイケな内装のカフェを訪れ、それからラストシーンとなる市庁舎前の港を目指しました。

ユリヤの物語は、オスロフィヨルドをのぞむ港で終わりを迎えます。港の手前にはレンガ造りの2棟の建物が目をひく市庁舎が建っています。市庁舎は外観もさることながら、館内には美術館顔負けの絵画コレクションが展示されていて見応えたっぷり（しかも入場無料）。ムンクの作品もあり、館内の窓から見えるオスロフィヨルドの景色もまた美しいのです。

市庁舎前の港に出ると、左には『アナと雪の女王』に登場する城のモデルとなったアーケシュフース城があり、右にはバイキング船博物館などノルウェーらしい博物館が集中するビグドイ半島も見えます。市庁舎から港にかけてのエリアは、まさにオスロの顔といえる場所。わたしも初めてこの町へ来たときには真っ先に訪れたので、ここで物語が終わるのは感慨深いものがありました。港を歩きながら「ユリヤが座っていたのはこの辺りかな」と見当をつけて、しばらく物思いにふけりました。夏場は観光客でごった返す港ですが、先にある桟橋へ進むと人が少なくなり、地元っ子にとっては、ひとりになれる場所なのかもしれません。

翌日は映画のオープニングで登場するエーケベルグの丘を上り、旧市街まで歩いてユリヤとアイヴィンが恋に落ちた通りを突き止めました。ついに『わたしは最悪。』とともに町歩きを終えたわたしはあらためてこう思いました。

「オスロの名所、ぜんぶ入ってるわ！」

『わたしは最悪。』の監督、ヨアキム・トリアーは、あるインタビューで、

「自分にとって、オスロがどんな町かを本作で残したかった」

と答えています。

「スパイク・リーが映すニューヨークと、マーティン・スコセッシが描くニューヨークの町はちがうでしょう。僕にとってのオスロはこういう町なんです」と。

変わりゆく町へのノスタルジーや、新しいオスロが放つエネルギー、そしてこの町に暮らす人への讃歌があふれている『わたしは最悪。』。ひさしぶりのオスロ歩きの予習には最高の作品なのでした。

ツアー旅行は楽し

旅に優劣などないと思うのですが、世の中ではどうも「ひとり旅」への憧れが強い傾向にある気がします。いや、世の中と主語を大きくしてしまいましたが、わたし自身がそうでした。ふらりと思い立ったときに、ひとり旅へ出掛ける。知らない町を、ひとりでさまよう。なんか、格好いい。これぞ旅って感じ。そんなふうに思っていました。翻って、団体旅行なんて、決められた場所をまわって、滞在時間も決まっていて、旅の醍醐味が薄れてしまうのではないかしら……ひとり旅＞ツアー。そんなふうにかつては思っていたのですよ。でも前言撤回します。

ツアー旅行の楽しみを知ることができたのは、北欧がきっかけでした。思いがけずツアーを企画する側になったのです。初めて北欧を旅する人にすすめたい場所。

北欧を旅するなら、これはぜひ体験してほしい、見てほしい、食べてほしいもの。そうしたおすすめを詰め込んで旅程を組み、一緒に旅をする。少人数で、ちょっとマニアックなスポットをめぐる。そんな旅を企画することになったのでした。

「ツアーを作ってみませんか？」と声を掛けてくれたのは、北欧に強い旅行会社フィンツアーさんです。北欧に強いとは、どういうことか。これは旅を作る側になってわかったのですが、国や地域に特化している旅行会社の場合は現地に直属の駐在員がいたり、その土地に詳しい人が揃っています。フィンツアーでは社長みずから添乗員をしていて、スタッフもみなさん揃って北欧好き。だから話が早い！

「この蚤の市をメインにして……できればこの美術館も行きたいし……」とアイデアを出すと「この日だったら、距離的に一緒にまわれますね～」とズバズバと具体的に旅の流れを整理してくれます。

そして北欧旅行を計画するときに、非常に頭を悩ませる「曜日問題」を一緒に解決してくれるのも心強い。蚤の市は週末のみ、美術館は月曜休み、夏季しか見学できない建築もあれば、日曜しか開いていない展示もある。さらに航空会社によっては日本からの直行便が飛んでいる曜日が限られる……この複雑な曜日限定パズルを組み合わせていくのが、じつは地味に難しいんですよね。

みんなで旅する醍醐味は

グループで北欧を旅する醍醐味ってなんでしょう。いちばんは、なんといっても、話す相手がいること。いま見たもの、食べたもの、笑ったこと、困ったことまですぐ話せる人がいるっていいものです。食事をみんなで楽しめるのもいい。

ツアー中、少なくとも一度は、全員で夕食をいただきます。初めてのツアー企画でヘルシンキを訪れたときに、町はずれの老舗レストランへ行きました。店内の奥に長いテーブル席が用意されているのを見たときはちょっと感動しました。総勢15名ほどでしたが、その人数で食卓を囲むなんて初めてでしたから。小魚のフライやサーモンスープ、魚卵と食べるパンケーキなど、ザ・フィンランドな味をみんなで食べながら、蚤の市で買ったものの報告や、フリータイムをどう過ごしたか、はたまた北欧に興味を持ったきっかけまで話が尽きなかったのですが、こうして日本語で気負わず、おしゃべりできるのっていいな〜と思いました。

コペンハーゲンのツアーでは、モダンノルディック料理を出すおしゃれなレストランへ行きました。インテリアも素敵で、料理の盛り付けも華やか。「いいですね〜」と盛り上がっていたのですが……、次の料理がなかなか出てこない。北欧のレストランは一般的に、料理が出てくるまで時間がかかるのですが、それにしても遅い。「待たせて申し訳ないとか、そういう発想があまりないんですよねえ。できないものはできないというか……」と店の人に代わって弁明したい気分でタジタジしていたところ、隣に座っていた方が、

「これだけサービスが遅いのに、ぜんっぜん悪びれないいんですねえ〜、あはは、なんだかそれがいい」と笑っていたのには救われました（翌日のレストランでは、できる限りでいいので早めに出してね！　と念を押してしまいましたが）。

わたしのツアーでは、蚤の市が目玉のひとつです。蚤の市会場では集合時間を決めておいて、各自自由に見てまわってもよし、わたしと一緒に見てまわる方もいます。集合時間になり待ちあわせ場所へ行くと「これ買いました！」と収穫を見せあっていることも。最初こそ「蚤の市にみんなで行ったら争奪戦になるのでは

……」と不安もあったのですが、思っていた以上に、みなさん欲しいものがちがうんですよね。デザイン食器を見つけた人、古着をたくさん買った人、古い切手や絵本が好きな人、新生活で使いたいと時計を手に入れた人。それぞれの好みをその場で見せあえるのも、グループ旅の楽しいところです。

モヤモヤの共有

スウェーデンのヨーテボリを訪れたツアーではこんなことがありました。最後の晩の夕食に、映画館に併設された話題のレストランへ行きました。古い家具を組みあわせたレトロな雰囲気の空間は居心地がよく、ほどよい薄暗さも手伝ってか、その夜も和気あいあいとおしゃべりが尽きませんでした。隣の方が「子どもがまだ小さいのですが」と話すのを聞いて、

「旅に行かせてくれるなんて、いい夫さんですね」となんの気なしに返してしまいました。

「……でも、それってちょっとおかしいと思いませんか。夫が出張で家を空けても、

奥さんはいい方ですねとは言われないのに。母親だと、そう言われちゃうんですよねー」と言われて、はっとしました。わあ、やってしまった、と思いました。

北欧の社会事情について「男女平等の国」「男性も子育てに平等に関わる、それが当たり前になるべき」……なんてことを普段書いているというのに、子育て中の方を前にそんな言葉がつるっと出てしまうとは。もちろん、その方はわたしを責める口調ではまったくなかったのですが。

きっとこれまで繰り返し感じてきたであろうモヤモヤ。それを、この場で共有してくれてよかった……。自分の至らなさに恥じいりながらも、そう思いました。入り口に大きな映写機が置かれた店内の風景と、その夜に交わした会話は、いまもときどき思い出します。

わたしのツアーには「子育てがひと段落したので、やっと旅ができる」と参加される方もいます。いざ時間ができて、好きなことがしたい、北欧を旅してみたい。でも海外旅行なんて、あまりにもひさしぶりで不安だった……。そんな声も聞きます。10年以上、おそらく20年近くでしょうか、自分のことは後まわしにしてきて、いざ海外へ行くとなったら、それは不安ですよね。旅企画をするまでは、そんなあたりまえのことがわかっていませんでした。

旅の終わりに「次は自分で計画して来たい」とか「来年はもっと時間をとって、予習してからのぞみたい」と次の旅へとつづくような言葉を聞くと、旅好きとしては無性に嬉しくなります。「北欧、いいですねえ。ハマりそうです」なんて聞くと、「ふふ、そうでしょう、そうでしょう」と同士を得たかのごとくニヤついてしまいます。

「蚤の市で買い物なんて、できるでしょうか。英語も苦手で、みなさんに迷惑をかけるのではないか……」と参加前には不安を口にしていた方が、スウェーデン語で10を表す「ティオ」という言葉を覚えて、現地で値段交渉しているのを見たときも、嬉しかったですねえ。

旅のかたち、旅の入り口っていろいろあるな、と気づけたのもツアーに参加してよかったことです。

第2章 家族みたいな時間

本気で祝うクリスマス

クリスマスを北欧で過ごす。旅行者にとってそれが無謀であることは、重々承知していました。北欧の人々にとってクリスマスは家族で過ごすもの。クリスマスイブから翌日の26日までは祝日で、町中の店やレストランは軒並み閉まり、交通機関さえも止まってしまうのです。

北欧では、クリスマスの季節は11月の終わりからはじまります。週末にはクリスマスマーケットが開催され、レストランではクリスマス料理が並び、デパートはいつもより遅くまで開店し、町のあちこちがクリスマスツリーやイルミネーションで飾られてそれは楽しく美しいのです。でも、それは24日の午前中まで。みんなが家で過ごせるようにと、すべては閉まります。そんなわけで、旅行者はへたをすると、食事処にも困るハメになります。

それがある年、コペンハーゲンでクリスマスを過ごすことになってしまいました。26日からはじまる年越しイベントに参加しようと飛行機を探したら、クリスマスは運航していない！　つまり23日には現地入りをしなければならなかったのです。

事前にスーパーで買い出しをして、ホテルの部屋で食べるしかないとあきらめかけていたとき、前年に知りあったばかりの友人が思いがけず誘ってくれました。

「クリスマスに来るのなら、スウェーデンの田舎の家で、伝統的なクリスマスを一緒に過ごしましょう！」

声を掛けてくれたのは、後にわたしがデンマークの母と慕い、長年のつきあいとなるキルステンでした。

クリスマスイブの日にキルステンと、息子のヨナスと中央駅で待ちあわせて、わたしと夫の4人でスウェーデン行きの列車に乗りました。スウェーデンには、キルステンのパートナーであるヘンリクの家があるのです。デンマークとスウェーデンをつなぐオーレスン橋を走る列車に乗って、30分もすればスウェーデンに入ります。

列車の窓から外を見ると、海の彼方に風力発電の風車がいくつも見えました。

国境を越えて間もなく、スウェーデン第3の町マルメに到着し、そこから数駅の小さな駅で下車しました。こんなことでもなければおそらく降りることのなかった名前も知らない駅を出ると、ヘンリクが車で迎えに来てくれていました。

チェリーソース騒動

「やあ、ようこそ！」大きな声で迎えてくれたヘンリクがつづけて言いました。

「クリスマス粥のチェリーソースを忘れてたから、買いに行かないと！」

北欧ではクリスマスのデザートに牛乳粥を食べ、デンマークではチェリーソースをかけるのです。車を走らせ、近くのスーパーマーケットへと向かいました。「すぐに買ってくるから車内で待ってて」と言われ、キルステンたちと待つこと数分。ほどなく微妙な顔つきのヘンリクが戻ってきました。

「……売り切れてたよ」

そこでまた別のスーパーマーケットを目指すことになりました。「チェリーソースのないクリスマス粥なんて……」と残念そうにつぶやき、うなだれるヘンリクに車内はなんともいえないムードに包まれました。お正月の雑煮用の三つ葉をうっかり買い忘れていたような、そんな「やっちまった」感が伝わってきます。

ほどなくもう一軒のスーパーに到着し、車中のみんなが「どうか見つかりますように……」と祈ったのが通じたのか、ニコニコ笑顔のヘンリクが牛乳パックのような容器を片手に戻ってきました。

「あったよ！　これでクリスマスが迎えられるよ！」

ああ、よかった。しかしチェリーソースをテトラパックに入れているとは。フルーツソースといえば瓶詰めだと思っていたので、もしわたしがお使いを頼まれていたら、見つけられなかったかもしれません。

さて無事にチェリーソースを入手して、ヘンリク号はわが家を目指して出発です。葉住宅街を抜けてしばらくすると、見渡す限り平地が広がる道を走っていました。葉がすっかり落ちた木々に、どこまでもつづく灰色の空。それは初めて見る北欧の田舎の冬景色でした。フィンランドやスウェーデンで夏に見た、青々とした自然の姿とは対照的な色のない世界。時折、古い農家と思われる家屋が建っていて、その中のひとつ、赤い外壁の建物がヘンリクの家でした。

まだ3時前だというのに、外はすでに夕暮れの雰囲気。天気が悪いわけでもないのにどんより薄曇りの空がさらに暗くなってきています。キルステンが持ってきたたくさんの食料を車から降ろして、みんなで家に入ったときにはほっとしました。

玄関には北欧のクリスマス名物である藁《わら》で作られたヤギが飾ってありました。藁の飾りは、翌年の豊穣を願ったという昔ながらの習わしの名残です。北欧神話のトール神の車を引いていたヤギに由来するというモチーフも北欧ならでは。

部屋に入るとリビングの真ん中には大きな暖炉がありました。天井は低く、ファームハウスと呼ばれる典型的な農村家屋の造りで、リビングには大きな窓が連なり、窓辺には赤いキャンドルとサンタクロースのような小さい人形が置かれていました。リビングの奥には大きくて立派なツリーが飾られて、キラキラ輝く赤や金のボール型飾りとともに、細いキャンドルもたくさんつけられています。顔を近づけるとツンとした針葉樹の香りがして、ツリーの下にはきれいな包装紙に包まれた大小のプレゼントがいっぱい置いてありました。

「今日のシェフはヘンリクだから、わたしたちはのんびり、お茶でも飲んで待ってましょう」とキルステン。「今夜はデンマーク式に、メイン料理は鴨だよ！」とヘンリクが言うのを聞いて、意外に思いました。フィンランドやスウェーデンではクリスマスには豚のハムを食べるもの、デンマークやノルウェーでも豚肉のローストを食べるので、北欧クリスマスといえば豚肉と思っていたからです。

「デンマークでは鴨もよく食べるんだよ」とヘンリク。キッチンの入り口はアーチ形の垂れ壁になっていて、そこにも藁でできたハートが飾られていました。

ちょっとそこまで、のはずが

「せっかくだから、ちょっと散歩でもする？」とヨナス。えっ……。もうだいぶ薄暗くなっているし、まわりには何もなさそうですけれど。暖炉の前でコーヒーでも飲んで、ぬくぬくのんびり、ごちそうを待つんだ……と、くつろぐ気満々だったわたしですが、誘われたものはとりあえず試すのが信条です（とくに旅先では）。

夫と三人で外に出ると、どこまでもつづく灰色の空はさらに暗く、心なしか霧も出ているようでした。隣の家まで数十メートルは離れている何もない景色を見て

「もしはぐれたら、ひとりじゃ戻れないかも」と、すこし恐ろしくなりました。

「あそこの農家では花を栽培していて、夏はとてもきれいなんだよ」

時折、見える建物について、歩きながらヨナスが説明してくれました。花なんてまったく想像がつかない冬景色でしたが、「蚤の市もやってるよ」と聞いて、がぜん興味がわきます。「夏に来ると、ぜんぜんちがうからね」とヨナス。

「そういえば北欧の人は、冬に赤ちゃんをベビーカーに乗せて、外で昼寝させるんだよね」と聞くと、

「そう、外気にあてて昼寝をさせると肺が強くなるっていわれていて、昔からそうしてるね」とヨナス。

「前にコペンハーゲンの町中で実際に、赤ちゃんを寝かせたままのベビーカーが置かれているのを見たの。親の姿は見あたらなくて、誘拐されたらどうするのかなって心配になっちゃったんだけど」と、かねてからの疑問をぶつけると、

「赤ちゃんを……誘拐？　いやあ、それはあんまり聞いたことがないなあ。赤ちゃんを誘拐するっていうのは……」と心底、驚いたような表情で見つめられました。

そうか、赤ちゃんを誘拐するって発想がないのか。そんな質問をしてしまった自分が、なんだか野蛮人のような気がしてしまいました。

「ずいぶん歩いたね」とヨナスが気づいたときには、家を出てから1時間以上が過ぎていたようです。北欧人の「ちょっとそこまで」は1時間、へたをすると2時間は歩くことになる。そんな体験をしたのも、このときが初めてだったかもしれません。帰りはもうすっかり暗くなっていましたが、ぽつりぽつりと建つ家の窓には星形の灯りや、山形に並んだキャンドルに光が灯されていて、こうして何も知らない土地に来ても、窓の灯りは見応えがあるなあと感心していました。

そして帰ってみるとヘンリクの家のリビングでも、窓辺に置かれた無数のキャンドルに火が灯り、テーブルの上にも大きなキャンドルの火が揺れていました。それは一瞬、言葉を失うような美しさでした。寒くて暗い外から戻ると、炎の温かさがさらに身にしみます。暖炉にも薪がくべられ、あかあかと炎が燃えていました。

クリスマスのごちそう

「まだもうちょっとかかるから、ここに来てコーヒーでも飲みなさい」とキルステン。「これが、わたしのいまいちばんのお気に入りの雑誌よ！」と渡されたのは、ビンテージデザイン専門の雑誌で、よく見る椅子や食器など北欧の名作デザインが特集されていました。お宅訪問のページや北欧各地の蚤の市情報も載っていて、夢中になってページをめくっていると「創刊号から初期の号はとくに素晴らしいのよ」と、次から次へとバックナンバーを見せてくれました。

リビングの隅に置かれたテレビも点いていて、見覚えのある2匹の愛らしい犬がスパゲッティを食べているアニメーションが放映されていました。

「デンマークではね、クリスマスイブにはこうしてディズニーの名場面を見るのが決まりなの」

なんですか、その決まりは。北欧のクリスマスは赤い帽子の妖精や、星形のイルミネーションや藁のヤギといったこの国らしいアイテムで彩られている。そう思っていたのに、イブの夜にアメリカのアニメを見るのが習わしなのですか。狐につままれたような気分でしたが、その後、スウェーデンではドナルドダックを見るのが習わしということも知りました。なんなのでしょうか、そのディズニー愛は。ムーミンやピッピもいるというのに！

「そろそろ焼き上がるよ！」とのシェフの呼びかけでキッチンへ向かうと、大きなオーブンから、こんがりと焼き色をつけたまるごとの鴨が2羽、取り出されるところでした。コンロの上のフライパンには、茶色く色づいた小さなじゃがいもがたくさん入っています。

「ポテトをキャラメリゼして、つけあわせにするのがデンマーク式だよ」

「これ食べたことある！　豚肉のローストにもあわせるよね」と答えると、

「そう。これと、紫キャベツがお約束。キャベツの隠し味はジャムだよ」と奥の小さな鍋の蓋をとって、しんなりと蒸した紫キャベツを見せてくれました。コンロの脇には皮むきされたじゃがいもの瓶詰めが置いてありました。北欧の食卓で小粒のじゃがいもを見るたび「皮をむくのが大変そう」と思っていましたが、瓶詰めがあるとは。

「クリスマスの鴨は、中にプルーンとリンゴを詰めるのが伝統的なレシピなんだけど、うまくいったかな」と取り出した肉に早速ナイフを入れようとしたので「待って待って、写真を撮らせて！」と慌ててカメラを構えました。横でのぞきこむキルステンは先程と変わって、かわいいワンピースを着ていました。

「イブだから、マリメッコに着替えてきたわ」

「ではみなさん、席について」とシェフに促されるまま全員が食卓につくと、テーブルの上にもキャンドルが3本、火が灯されていました。ふと見ると食卓にはもうひとつ、茹でたじゃがいもがこんもりと盛り付けられた皿がありました。こちらは細長くて大きめのじゃがいもです。

「それはバターをつけるか、鴨用のソースと一緒に食べるとおいしいよ」とヨナス。

「じゃがいものつけあわせに、じゃがいも。北欧の人はいもが好きすぎる。市場に行くと、いろんな種類のじゃがいもがあるよね」と話を振ると、

「そりゃやっぱり、レシピによって合う種類がちがうから」とヨナス。

「日本では、使い分けないの？」と逆に聞かれて、

「うーん、ぽくぽくした食感とシャキシャキした食感の使い分けは一応するけど、そこまで種類は多くないよ」と答えると、目を丸くして「へえ！」とまたしても驚かれてしまいました。

キャラメリゼしたじゃがいもは、鴨肉と意外にもよく合います。鴨肉、甘いポテト、甘酸っぱい紫キャベツ、そしてもう1種類のじゃがいも。この組みあわせで食べていたら、あっという間におなかがぱんぱんになってしまいました。

「このあとは、クリスマス粥をデザートに食べるから、おなかの隙間を残しておいてね」とキルステン。……そうです、このあと、お米を食べるんでした。

キルステンが食卓に置いた鍋には、クリスマス粥がたっぷりと入っていました。「今日はこの中にアーモンドを1粒入れてあるの。それが当たった人には小さなプレゼントがあるから、お楽しみに！」と、キャンディのように両端をリボンで結んだ贈り物を指しました。わあ、そのならわしも本で読んだことがある。まさか家庭でこんなふうにデンマークの伝統的なクリスマスを体験できるなんて。キルステンたちのもてなしに感激しながら、お粥を口に運んでは「アーモンド、入ってないかな〜」と確認します。

しばらくの間、みんなでもぐもぐと無言でお粥を食べ進めるものの、誰にも当たりません。

「アーモンドだから、食べちゃうこともあるの。ちゃんと確認しながら食べてね」と念を押すキルステン。鍋にはまだたっぷりとお粥が残っていて、「当たるまで食べてもらうから」と、さらにもう一杯ずつ、各々のボウルに注がれました。またしても沈黙が訪れ、もぐもぐ。……これは、当たるまでずっと食べつづけなければいけないやつ……？　だんだん不安になりながら見ると、鍋を持ち、注ぐ気満々のキルステンがいます。「子どもが小さいうちは、みんなそれは楽しみにしてるの。親としてはやっぱり子どもたちに当たってほしいから、多めによそったりするわけよ」と言いながら、「もうすこし食べなさい、ね！」ともう一杯ずつ、わたしと夫のボウルに注ぐのでした。そろそろ出てこいアーモンド！　胃袋がもう限界だよ〜とギブアップしそうになった頃、口の中にごろりと粒のようなものが当たりました。

「当たった！」と取り出して見せると、キルステンが「あははは！　よかった！　がんばったわね〜」とプレゼントを渡してくれました。開けると中には、リビングの窓辺にあった、赤い三角帽をかぶった小さな木の人形が入っていました。

「ニッセよ。サンタクロースの手伝いをする妖精。ああよかった！ この面々でわたしたちが当たっても、おもしろくないもの！」とキルステンはケラケラ笑っていました。

花火と歌と酔っぱらい

「さてこの後は、クリスマスのいちばん大事な時間よ。今年は誰がやる?」とキルステン。「じゃあ、僕がやろうか」とヨナス。なになに、何がはじまるんでしょうか。食器を片付けてリビングへ移動すると、ヘンリクとヨナスがツリーのキャンドルに火を灯しはじめました。わあ、きれいだなあ〜。でも本物のキャンドルに火をつけちゃうんだ。ツリーが燃えちゃいそうで、ちょっとドキドキするなあ、と見ていたら、さらなる衝撃が待っていました。ツリーの中にキャンドルに混じって、パチパチと火花を散らすものが見えます。

「え、え、花火!?」

キャンドルに混じって、四方八方に火花を散らす手持ち花火がツリーにつけられていたのでした。すごい！　きれい！　だけど危ない！

「花火だ！　クリスマスツリーに花火だ！」と驚嘆の声をあげていると「日本ではつけないの？」とヨナス。つけません。つけませんって！　キャンドルだけでもハードルが高いというのに！

「さて準備が整ったわね、はいこれ」と渡されたのは楽譜です。ほら、こっちに来てと促されるままにクリスマスツリーをみんなで囲んだら、今度は歌がはじまりました。そして歌いながらツリーのまわりをぐるぐるとまわり出しました。

「これがデンマークのクリスマスよ！」とキルステン。歌うヘンリクとヨナス。ツリーのまわりを歌い、手をつないでぐるぐるとまわる5人の大人たち。適度にお酒も入って、ほろ酔いの大人たち。

3曲くらい歌ったあたりで「これくらいで、いいかな」とキャプテン・キルステンのOKが出たので、ソファに腰掛けました。大量のキャンドルに花火。そして歌い、まわる酔っぱらい。すごいなあ、デンマークのクリスマスは。

「火事になったりしないの？」と率直に尋ねたところ、

「毎年、何軒かはニュースになってるねえ」とヨナス。やっぱり……。危険と隣合わせのデンマークのクリスマス。天井も床も木でできたヘンリクの家も、うっかりしたらよく燃えそうです。

「じゃ、そろそろはじめようか」とヨナス。ツリーの下に座って、プレゼントをひとつ手にとり、

「まずはこれからいくね。ええと、キルステンからヘンリクに」と言って、ヘンリクにプレゼントを渡しました。受け取ったヘンリクが包みを開けると、中には写真集のような大きな本が入っていました。わあ、これ欲しかったやつ！　と嬉しそうにキルステンと抱きあいます。

「こうやってプレゼントをね、一つひとつ開けていくんだよ。儀式みたいでしょ」とヨナス。それにしてもずいぶん、たくさんのプレゼントがあるなあと思っていたら、「これはソフィーたちから」「こっちはヤコブから」と不在の親戚からのギフトもここに集まっているようなのでした。北欧のクリスマスプレゼント文化はすごい。とにかくあげて、あげまくるとは聞いていたので、わたしからもキルステンはもち

ろん、ヘンリクの分やヨナスの分、そして今年は会えなかったキルステンの娘ソフィーや、その家族への分も持って来ていました。わたし宛にもソフィーたちからのギフトが用意されていました。

なるほどこうして「〇〇から〇〇へ」と名前を読みあげて、もらった人がプレゼントを開けるまでみんなで見守る。そうして一つひとつ開けていくから、ヨナスのような司会役が必要なのだとわかりました。ヘンリクからキルステンへのプレゼントは小さな紙切れです。不思議そうに見つめるキルステンでしたが、

「ああ！『RETRO』の年間購読券だわ！やった〜！」と子どものように両手をあげて喜びました。『RETRO』とは先ほど、クリスマスディナーの前に一緒に読んでいたビンテージの雑誌で、そんなプレゼントもあるんだなあ、粋だなあと感心しきりでした。そしてキルステンからわたしたちへのギフトも手渡されました。

ずしりと手にくるこの重さ、この形。さてはお皿だな……と開けてみると、スウェーデンのビンテージのクリスマスプレートが出てきました。「その年のデザインが、いちばんかわいいのよ」とキルステン。まさにわたし好みの一枚でした。

あっという間に小一時間が経ち、あんなにたくさんあったプレゼントがほとんど

なくなり、そろそろ終わりかなと思っていた矢先、もうひとつ小さな包みが出てきました。

「これ、僕のガールフレンドのグリの両親から、君たちに」とヨナス。

包みを開けると、瓶のはちみつが入っていました。手書きのラベルが貼ってあり「to Japan」と書いてありました。

「ちょっと荷物が重くなるけど、とってもおいしいよ。自家製のはちみつだから」

クリスマスのディナーにデザート、ツリーと歌にプレゼント。デンマーク式のアットホームなクリスマスの締めくくりに、まさかのこんなプレゼントまで！　日本からもたくさんプレゼントを抱えてきたつもりですが、さすがにヨナスの彼女の両親の分まではプレゼントを用意していませんでした。嬉しさと、驚きと、ちょっぴりの至らなさを感じたクリスマスイブの夜でした。

放課後をのぞく

コペンハーゲンに暮らす友人のソフィーが「今度、わたしの職場に来てみる？」と誘ってくれました。ソフィーが働くのは、小中学生の子どもたちが学校の後にスポーツや音楽、手芸などを楽しめる児童クラブで、ソフィーはそこで手芸の先生をしているのです。

放課後の児童クラブというと、日本では学童保育のイメージがありますが、どうやらデンマークには日本のような学内での部活動がないらしいのです。その代わりに地域で運営するアフタースクールがあり、子どもたちは学校での授業が終わると、そこでスポーツや手芸など趣味の時間を楽しむということでした。

到着したのは2階建ての公民館のような建物で、中に入っていくと、にぎやかな音楽や子どもの声が聞こえてきました。

「ここでは手芸や音楽、スポーツとさまざまなクラブがあるんだけど、好きな活動に参加していいの。じゃ、のぞいていきましょう」とソフィー。

最初に訪れた部屋は工作クラブで、天井や壁には紙やモール糸で作った作品がぶら下がっていました。

「ちょうどこの間、日本をテーマに工作をしていたのよ。ほら、おもしろいものがあるでしょう」とソフィーが手にとったのは、色とりどりの小さな鯉のぼり。鮮やかなピンクやターコイズブルーの鯉のぼりは、よく見ると鱗の部分が花びらのようになっていたり、鱗の色も黄色やオレンジと奇抜でユニーク。

「あなたの目から見ると、どう？　不思議な感じがする？」と聞かれ、

「そうだね、伝統的な鯉のぼりって、色が決まってるんだよね。黒と赤と……青だったかな。最近はピンク色とか別の色も出てきているけどね」と話すと、そうなんだ！　と驚いていました。

工作クラブの部屋は、大きな机を囲むように椅子がたくさん置かれていて、椅子はすべてセブンチェアなのでした。デンマークを代表する建築家、アルネ・ヤコブ

センによる名作椅子で、なかにはペンキで汚れた椅子もありました。

工作クラブを出ると、先ほどからズンズンと音楽が聞こえてくる部屋がありました。入り口の上には「DISCO」と書かれています。部屋をのぞくと、天井にミラーボールがあり、くるくるとまわって部屋を照らしています。しかしそこでは卓球の練習が行われていたのでした。先生が球出しをして、子どもたちが1球打つごとに交代して、ぐるぐると部屋の中を走りまわっています。先生は大きな掛け声で、案外ときびしそうな特訓をしています。しかし、天井にはミラーボールがぐるぐる。BGMはクラブ系。

「ディスコを楽しむ日もあるんだけど。今日は卓球をやってるのね」とソフィー。なんだか自由です！

どこまでも居心地よく

「この奥は食堂よ」と案内してくれた広々としたホールは、奥にキッチンがあり、カウンターには大鍋に入ったパスタや茹で野菜が置いてありました。

「各自好きに食べていいの。自分たちで調理をする日もあるよ」とのこと。広いオープンキッチンは学校の食堂というよりは、おしゃれなカフェの厨房のようです。カウンターの上には天井から大きな枝が吊るされて、4つか5つはあるペンダント照明がひとつずつ、枝に巻き付けるようにして吊り下げられていました。なんなのでしょうか、このあしらい。このインテリアのハイセンスぶり。照明がいくつかぶら下がっているだけでおしゃれだというのに、流木に巻きつけてしまうとは。

「インテリアの国、北欧ではオフィスや社食も洗練されたデザインです」との話はよく聞きますが、教育現場もそうなのかと、底力を思い知った気分でした。カウンターの横にはカフェで見るようなお菓子を入れるショーケースがあり、中にはフェルトで作ったケーキが飾られていました。うーむ、すみずみまでかわいい。


ひとしきり教室を見た後、地下に降りると、他の部屋とは対照的に薄暗いスタジオのような部屋がありました。「ここは音楽クラブなの。彼が担当の先生」とソフィーが紹介した先にいたのは、エレキギターを片手にした男性でした。黒いT

シャツにスキニーデニム、頭にはキャップをかぶり髪の毛はロングヘア。「高円寺でこういう人、よく見る」といった感じの、完全にロックミュージシャンの風貌です。部屋の中にはエレキギターやアコースティックギターが何本も置かれ、奥にはドラムセットとアンプなど本格的な音響設備も揃っていました。教室というよりは音楽スタジオです。

「小中学校の音楽教室というと、ピアノとタンバリン、あとハーモニカとリコーダーくらいしか触れた記憶がない……」。そんなことを思い出しながら、またしてもデンマークのアフタースクール事情に舌を巻いていました。もうバンド組んでアルバム録音して、デビューするっきゃないじゃん！　と言いたくなります。

「じゃ、そろそろ戻ろうか」とソフィーに促されて上の階に戻り、手芸クラブの部屋に入ると、大きなテーブルを囲んで手を動かしている子どもたちが数人いました。

「これ、この間のクラブで作ったの」とソフィーが見せてくれたのは、パッチワークで花を描いたトートバッグと、手編みの小さなブランケットです。パッチワークも、四角いモチーフをつなぎあわせたグラニーブランケットも、色あわせが抜群に素敵でした。棚につめ込まれた洋裁用の布の端切れも、散らばった毛糸やモールも、ずらりと並んだミシン糸も、この部屋にある色すべてがきれい。どう組みあわせたって悪趣味になりようがない、そんなふうに見えました。北欧の部屋で見る絶妙な色あわせは、こうやって子どもの頃から鍛えたセンスによるのかなと妙に納得した気分でした。

しばらくの間、子どもたちの作業やソフィーが指導する様子を見学したのち、退散することにしました。入り口まで送っていくよとついて来てくれたソフィーと廊下を進んでいくと、来たときには人がいなかった小さな部屋から楽しそうな声が聞こえてきました。

のぞいてみると床にベッドマットが敷いてあり、奥には大きなテレビがあって数名の子どもたちが囲んで、テレビゲームをやっていました。

「ゲームクラブもあるのよ」

子どもたちはまるで自分の家にいるかのようにクッションやベッドマットに寝そべってゲームに夢中になっていました。

「家みたいだ」

児童クラブを見学して思ったのは、それです。手芸クラブの部屋にもソファやコーヒーテーブルが置かれ、壁には絵が掛けてありました（おそらく子どもたちの作品でしょう）。ふと自分が放課後に過ごしていた時間を思い出していました。工作や習いごとは嫌いじゃなかったけれど、こういう居心地のよさは知らなかったな。

「つくづく、居心地のよさを追求する人たちである」

とあらためて認識した放課後の時間。わたしにとっては、最先端のインテリアショップに行くよりも刺激的に思える経験でした。

「じゃあまたね」とソフィーに別れを告げて、ふと入り口の床を見ると、綱引きに使われるような太い縄で、たくさんのリュックサックがぐるぐる巻きにしてあるのを見つけました。「……あれは何？」と尋ねると、

「バッグは荷物置き場に置くルールになっているんだけど、着くなり放り出して、やりたいことをしちゃう子どもがいるのね。だから見せしめにやってるの。自分のやったことをちゃんと反省して、わかったら縄をほどいて荷物を渡すの」

「これは、やられたら反省しそうだねえ」
「それが、何度でもやるんだよねえ」
ソフィーとくすくす笑いながら、そういえば校庭とか教室とか、荷物をほっぽり出して遊びに行ってしまう子、いたよね、と子どもの頃の記憶を思い出していました。そういうところは万国共通ですね、と最後にちょっぴり親近感を覚えつつ、デンマークの放課後を後にしました。

魅惑のシュリンプパーティ

北欧ならではのおいしい思い出といえば、フィンランドで早朝に食べた焼きたてのシナモンロールと、冬に港で食べたクリームたっぷりのサーモンスープ、スウェーデンの市場で食べた揚げたてニシンのフライに、北極圏のカフェで食べたサルミアッキチーズケーキ（これが本当においしかった！）。それからデンマークの母の家で食べるレバーパテをのせたオープンサンド、ノルウェーのカフェで極上のコーヒーと一緒に食べたブラウンチーズのオープンサンド、バターをたっぷりつけて食べたアイスランドの熱々の地熱パン……と、おいしい味とともに、そのときの風景が鮮やかによみがえってきます。

そして２０２４年の初夏、おいしい北欧の味リストに新たな項目が追加されました。それはノルウェーの港町で食べた甘エビ。ひたすら甘エビを食べつづけた夕べのこと。

ノルウェーは水産王国です。ノルウェー産のサーモンやししゃもは日本でもおなじみですよね。サーモンはスモークやローストして食べるほか、スープに入れたりさまざまなレシピで親しまれています。ししゃもはじつは、本国では食べません。ほかにノルウェー人が好きな魚介といえばタラやオヒョウなどの白身魚。そして忘れてはならないのがシュリンプ（甘エビ）です。夏になると、ノルウェーではひたすらエビを食べるシュリンプパーティを楽しむのです。

寿司ネタの中でも、一、二を争うほどに甘エビが好きなわたしにとって、本場ノルウェーでのシュリンプパーティはひそかな憧れでもありました。それが叶ったのは、港町スタヴァンゲルで、友人夫婦が所有している古いキャビンに泊めてもらったときのことでした。スタヴァンゲルはノルウェー第4の都市で、フィヨルドをのぞむ港町。歴史ある木造家屋が数多く残されていて、散策も楽しい町です。友人のキャビンも古い家が残る一角にあり、白い壁にオレンジ色の瓦屋根のかわいらしい家を見たときは、こんな場所に泊まれるんだとワクワクしました。扉を開けると、リビングにはセンスのいいビンテージのソファやコーヒーテーブルが置いてあり、キッチンはリノベーションしたばかりのようでピカピカ。古さとモダンなデザインがほどよくミックスされ、使い勝手も考えられたキャビンはなんとも居心地のよい空間でした。

「着いた日は何か買っていくから、キャビンで一緒に簡単な夕食にしましょう」と友人が声を掛けてくれていたので、近くのスーパーで翌朝用のヨーグルトやジュースを調達して戻ると、後ろから声が聞こえました。友人のフッデレとシーモンが、子どもたちと一緒にちょうど車で着いたところなのでした。

「港で新鮮なエビが買えたから、これを食べましょう！　漁師が船でそのまま売りに来るのよ」とフッデレ。おおお、憧れの甘エビが!!

「パンだけ焼いてきたの。あとはエビ！　今日の夕食はこれだけ！」と笑いながら、一緒に家に入ると、手に持っていたビニール袋にたっぷりと入った甘エビを大きなボウルにざざっとあけました。

「とれたてを船上で茹でてあるから、そのまま食べられるのよ」

そうなんです。日本でも北欧の輸入食材を扱うお店から、ノルウェー産の甘エビを取り寄せて、シュリンプパーティをしたことがあるのですが、船上で茹でたものを瞬間冷凍したという甘エビは生臭さがまったくなくて解凍してそのまま食べられるのです。それが今日は冷凍なし、海からのとれたて直行！

フッデレとシーモンの3人の子どもたちにくわえて、友だちも一人いて、部屋に着くなりきゃっきゃと大騒ぎ。日本からおみやげにと持ってきた文房具や雑貨を渡すと、急に静かになって「これ、なーに」といった感でひそひそ話がはじまりました。一方の大人たちはフッデレが焼いてきたパンを手際よく切って並べ、各々の皿とグラスを並べて、あっという間の準備完了。「食べるよー」の掛け声でみな席に着いて、大人はビール、子どもはジュースで乾杯です。

子どもたちのにぎやかさにつられて、思わずわたしも「いただきまーす！」と大きな声を出したら、子どもたちに不思議そうな顔でじっと見られてしまいました。

ノルウェーには食事の前の挨拶はないのです。タック・フォー・マートゥン（食事をありがとうの意味）という言葉がありますが、それは食後に言うのです。

そうこうしているうちに、子どもたちはあっという間に殻をむいてパンの上にエビをぎっしり並べていました。スライスしたパンは、小ぶりの食パンくらいの大きさがありましたが、そこにむいたエビの身をパパパっと並べていき、あっという間にパンがエビで埋まってしまいました。一方のわたしといえば、まだ1匹しかむけてない。大人も子どももみんな、殻をむくスピードが速い！　お友だちも速い！

甘エビにはマヨネーズ

「食べ方わかる？　これつけるとおいしいよ」とフッデレが渡してくれたのは、ビニールパックで小分けされたクリームっぽいもの。何だろうと手にとると、「マヨネーズだよ。エビにはこれがいちばん合うから」とフッデレ。

見ると、みんなたっぷりとマヨネーズをしぼっています。じつはマヨネーズがあまり好きでないわたしですが、みんなにならってすこしだけつけてみました。これがおいしい！　ノルウェーのマヨネーズ、すっごくおいしい！

「これ、最高の組みあわせだね。このまま永遠に食べつづけられそう」

まだパンの半分くらいしかエビをのせていないのに口に運んで、そのおいしさにうっとりしているわたしを尻目に、子どもたちはすでに2枚目のパンに突入していました。またしても、あっという間にパンがエビで埋め尽くされていきます。だから速いって！　甘エビ殻むき選手権があったらダントツで優勝だね、ノルウェー人。

フッデレはベルギー人で、海外研修プログラムの行き先としてノルウェーを選び、シーモンと出会ってここで家族を持っています。

「ノルウェーの人って、同じものをずっと食べるでしょ。こっちで初めてクリスマスを過ごしたときにね、すごくはりきって、ベルギー伝統の味とかいろいろな料理をすこしずつ、たくさん用意したの。でも、みんな全然、手をつけてくれないのよ！　ひたすら、あのユールリッベを食べてるんだもの」

ノルウェーではクリスマスのごちそうといえば、ユールリッベ（クリスマスのリブ）と呼ばれる豚肉のロースト料理が定番なのです。

「ベルギーではクリスマスにはいろいろな料理を用意して並べるんだけどね。やっぱり年に一度のお祝いだし、手間をかけてたくさん作って準備して、そういうものだと思ってたんだけど……」

「日本のお正月もそうだよ。いろいろな意味を込めた料理をすこしずつ、お正月用のランチボックスみたいな箱に詰めて食べるの。でも子どもの頃はあまり好きじゃなくて、ありがたみもわかってなくって、それとは別にお餅を入れたスープを用意するんだけど、そればっかり食べてたな」

「彼も子どもたちもずーっと、豚肉ばっかり食べてるのよ。あと、じゃがいも」

「じゃがいもね」

ノルウェー人、同じものをひたすら食べるよね。なんだか子どもみたいだよね、とフッデレとくすくす笑いながら、でもそういうあなたも、いまではすっかり甘エビをひたすら食べるノルウェーの人になったんですね、と心の中で思っていました。でもこの甘エビなら、わたしもひたすら食べていたい。


みんなでたらふく食べた後、各自の皿に積み上げられた殻の量も、それはそれは見事なものでした。ああ、これで出汁をとったらおいしそう……とぼんやり思っていたら、「到着したばっかりで疲れてるでしょ。わたしたちも早々に退散するからね！」と準備したときと同様に、手際よく片付けがスタートしました。

「殻はすぐ臭くなるからね〜。これは私たちが持って帰って捨てとくからね！」とビニール袋にパパパッと殻の山がまとめられていきました。「それで出汁とりたい」とは言い出せないままでした。

「すこし残ったエビは、どうする？　食べるなら置いていくね。新鮮だから、明後日くらいまでは問題なく食べられると思うけど」と聞かれて、「食べる食べる、絶対食べる。ノルウェーのとれたて甘エビなんて、なかなか食べる機会ないもん」と二つ返事で残りのエビを受け取りました。

翌日はパスタに入れて、さらに殻で出汁をとってスープにして、ノルウェーの甘エビを食べ尽くしたのでした。ああ、おいしかった。

「じゃあ、そろそろ帰るね。またね！」と、フッデレ＆シーモン家族は片付けを終えると、あっという間に帰ってしまいました。うーむ、手際のよさがすごかった。夫婦共働きで、子どもが３人いて、金曜の夜に仕事帰りで子どもも連れて、海外から来た友人をもてなすって、よくよく考えるとすごいなあ、と感心しきり。

FERSKEREKER

でも今日みたいに、エビをひたすら食べるなら、友人との食事の準備も気楽でいいな。ああ、日本でもこんなふうにやりたいな、シュリンプパーティ。ノルウェーのマヨネーズをおみやげに買って帰って、あとはパンと飲み物さえあれば、わが家でもできそう。現地仕込みのノルウェーのシュリンプパーティ。甘エビをたんまり食べた直後だというのに、帰ったらまたやろう、そんなことを考えていました。

ちなみにスウェーデンやフィンランドでは、夏の終わりにひたすらザリガニを食べながら過ぎゆく夏を惜しむ習わしがあります。日本でもイケアやスウェーデン関係のイベントでザリガニパーティが開催されるようになりましたが、やはり同じく、ひたすらザリガニを食べるのです。北欧の夏というと、このザリガニパーティが有名ですが、ノルウェー人に言わせると、

「ザリガニなんて、おいしい甘エビがとれない国のやること」だそうです。うんうん、ザリガニパーティも楽しいけれど、ノルウェーの甘エビを知ってしまったら、ノルウェー人に完全同意です。

スウェーデンにお見舞い

デンマークのお父ちゃんこと、ヘンリクの家を訪れるのは、じつに12年ぶりでした。ヘンリクは、わがデンマークの母キルステンの長年のパートナー。初めて会ったのは12年前のクリスマスで、それ以来、わたしがキルステンの家を訪れるときはいつも一緒に会っていました。

キルステンとヘンリクは、別の場所に暮らし、週末を一緒に過ごす通い婚のようなスタイルをつづけています。子どもが巣立つまでは一緒に暮らしていたそうですが、キルステンは自分が育ったコペンハーゲンの家へ戻り、ヘンリクはスウェーデン南部のスコーネ地域に家を構えています。国境を越えた週末婚とはスケールが大きい気がしますが、コペンハーゲンと対岸のスコーネ地方は橋でつながっていて、車や電車で簡単に行き来できるのです。

旅とジャズが大好きで、おしゃべり好きのヘンリクとは、いつ会っても話に花が咲きました。とくにジャズの話になると、わたしもヘンリクも戦前の古いジャズが好きなこともあり、このアルバムは聴いたことあるか、今度のコペンハーゲン・ジャズフェスティバルには誰が出るぞと盛りあがり、おたがいのおすすめを教えあっていました。キルステンの家の壁には、孫たちが作った工作や絵がたくさん飾られていて、そのひとつは「ジャズニッセ（ニッセとは妖精のこと）」と題して音符に囲まれた小人が描かれ、とくにヘンリクのお気に入りでした。

数年前にがんが見つかったヘンリクは、入退院を繰り返すようになってからもスウェーデンの家に住みつづけていました。コロナ禍で旅ができない間、キルステンはヘンリクの容態について、たびたびメールで教えてくれました。抗がん剤の治療が効いて小康状態がつづいていること。でもゆっくりと体力が衰えていること。スウェーデンからの行き来がだんだんと難しくなってきたこと。

それでもコロナ禍後、3年ぶりにわたしたちがデンマークを訪れたときには、スウェーデンから自分で運転をして駆けつけて、驚かせてくれました。

12年ぶりのスウィートホームへ

「あなたたち、もし時間が許すなら、ヘンリクのところへお見舞いに行ってあげてくれない？」

２０２４年の夏、コペンハーゲンを訪れる前に、キルステンからそんなメッセージが届きました。１年前は自分でドライブしてコペンハーゲンまで駆けつけてくれたヘンリクが、いまはもう遠出は叶わず自宅で過ごしていること。数か月前から病院での積極的な治療はやめたことを知らされました。

「もちろん。わたしたちもそうしたいって思ってたよ」と伝えて、12年前は連れられるがまま訪れたヘンリク邸の場所を、あらためてグーグルマップで検索してみました。ヘンリクが暮らす家はニィオークラという地域にあります。

「もし掃除とか片付けとか、手伝えることがあれば、泊まりがけで行ってもいいし」と連絡をすると、

「宿泊はやめたほうがいいわね。ちょっと荷が重すぎると思う」と返事が来ました。きっと気持ちの準備をしていったほうがいいのだな、と察しました。

コペンハーゲン滞在の後、スウェーデンへとお見舞いに向かったのは9月の初旬。「二人で行ってらっしゃい」とキルステンに送り出され、夫が運転する車でニィオークラを目指すこととなりました。

グーグルマップの案内に沿って車を走らせていくと、なんとなく見覚えのある道が見えてきました。同じ道を走っていても、前回の冬に訪れたときの、何もかもが枯れはてたような景色とはまったくちがって「こんなに青々とした草原だったんだなあ」と目の前の景色を車の窓から眺めていました。

赤い壁に黒い柱が目印のヘンリクの家に到着すると、「あのときはキルステンがたくさんの食料を抱えて部屋に運び入れていたなあ」とクリスマスの思い出がよみがえりました。今回はわたしがキルステンから託されたお菓子と旬のトウモロコシ、画集とひまわりの花束を抱えて玄関に向かいます。玄関の扉はすこしだけ開いていて、そろりと中に入って様子を窺うと、リビングの奥に置かれた介護用ベッドにヘンリクが横になっているのが見えました。寝ているかな、とおずおずと様子を窺っていたら、

「来たね！　ようこそ！」

すぐに、気づいたヘンリクが体を起こしながら大きな声で迎えてくれました。「これキルステンから。お菓子とかいろいろ持ってきたよ」と手に抱えた荷物を見せて、「まずはこの花を花瓶に入れちゃうね」とキッチンに向かいました。寝起きは身支度に時間がかかると聞いていたので、慌てさせたくなかったのです。

キッチンの入り口の丸い垂れ壁をくぐると、12年前のクリスマスの風景が、より鮮やかによみがえってきました。鴨肉をまるごと料理してくれたこと。クリスマス粥を食べたこと。コンロのタイルや、オープンシェルフに並んだスパイスは前と変わらずそこにありました。

キッチンの横にはサンルームがあって、小ぶりのダイニングテーブルを囲むように木製のウィンザーチェアが数脚、置いてありました。晩夏の日差しが降り注ぐ部屋は、お茶を飲んだり、食事をするのも気持ちがよさそうです。こんな部屋があったんだ、暗かったからぜんぜん気づいていなかったなと、冬の訪問時との部屋の印象がこうもちがうものかと見まわすと、窓辺にちょうどよさそうな花瓶を見つけました。ひまわりを入れて「これ、どうかな?」とヘンリクに見せに行くと、「いいね」

と以前と変わらない陽気な笑顔で答えてくれました。

「あなたたちが行ったら彼はとっても喜ぶと思うけど、疲れてしまうから、あまり長居はしないようにしてね」とキルステンに何度も釘を刺されていたので覚悟をしていましたが、目の前にいるヘンリクは前と変わらない笑顔と声で「来てくれて嬉しいよ！」と抱きしめてくれました。腕はたしかにとても細くなっていたけれど、しっかりと力強いハグに、ほっとしました。「お茶、入れようか」と声を掛けると「だいじょうぶ、僕がやるよ」と立ち上がって、キッチンへ向かいました。ほどなく戻ってきて、コーヒーとクッキーを出してくれました。

「そうだ、これキルステンから」と、持ってきたお菓子の袋を渡すと、中にはヒンベアスニッテンが入っていました。デンマークの伝統菓子で、ラズベリージャムをショートブレッドのような生地で挟んだお菓子です。

「ヘンリクはこれが好きなのよ。スウェーデンでは売ってないから」とキルステンが話していたものです。

「会えて嬉しい。顔色もいいね」と声を掛けると、

「うん、わりと調子よくやっているよ」とヘンリク。

「前に来たときはクリスマスだったから、暗くてまわりがよく見えなかったけど、サンルームから庭が見えてすごくいいね」

「庭はぜんぜん手入れをしてないから、木は茂り放題だし、プラムの実も落ちたままでひどい状態だけどね」

「うふふ。日本だったら、もっとぼうぼうだよ。うちの庭なんて夏に2週間留守にしたら、すごいことになっちゃうんだよ」

そんな会話をしながら、そういえばがんが見つかって最初の入院が終わったあと、「ああ、早く薪割りしないと」と言っていたことを思い出しました。そして実際に退院早々、ペンキを塗ったり、家のメンテナンスに取り掛かっていたヘンリク。この広い家でずっと、自分で手入れをしながら暮らしてきたんだ。この家の姿を、わたしも目に焼きつけておきたいなあと、ふと思いついて、

「写真、撮ってもいい？」とカメラを取り出すと、にっこり笑ってくれました。

「それ、いいカメラだね。小さいのもいい。ちょっと見せて」と言うので手渡すと、わたしたちのことを撮ってくれました。撮ったばかりのお互いの写真を画像モニ

ターで見せると、うん、いいねと満足そうにしていました。

スウェーデンの医療制度

「週に何度か、ルンドから看護師さんが来てくれるんだっけ」と尋ねると、

「そう昨日も来て、様子を見てくれてね。もし転んだり具合が悪くなったら、このボタンを押すと、すぐに来てくれるんだよ」とベッドの脇に置かれたスイッチを見せてくれました。ルンドは最寄りの中規模都市で、大きな病院があります。

「スウェーデンの医療制度はいいんだよ。こうして自宅で住みながら、医療サービスを受けられるようになってる。病院は病院で、入院患者を減らせるからウィンウィンってわけだよ」と教えてくれました。スウェーデンでは住民登録をしてパーソナルナンバーを取得すると、医療保険制度に加入でき、スウェーデン人同様の医療サービスが受けられます。ヘンリクが病気になってもスウェーデンで暮らしつづけることを選んだのは、そういう事情があったのかもしれません。

「おかげで今年の誕生日は、この家で過ごせたんだよ。昨年は病院だったけどね。

ヨナスやソフィーの家族、孫たちもみんなで集まることができてよかったよ」

「今年に入ってだいぶ調子が悪くなってから、キルステンはずっとこの家にいてくれるんだよ。ありがたいけど、彼女をここに縛りつけてるみたいで、申し訳ない」

と言うので、

「うーん、わたしもね、母が亡くなってから父の様子を見に、頻繁に実家に行くようになったけど、父とはそれまでそんなにゆっくりと話したこともなかったし、そういう時間が持てるのはいいなと思ってるよ。大変ねって言う人もいるけど、キルステンも、そうしたいからそうしてるんだと思うよ」と伝えました。

「お父さん、いくつだっけ?」

「86歳」

「けっこう、歳なんだねえ。元気なの?」

「うん、体は元気。でもヘンリクみたいに、自分のごはんを自分で用意したりできないの。家のことはぜーんぶ人まかせ。ジャパニーズ・ハズバンドって感じ!」と語気を強めて笑いながら言うと、ヘンリクもつられて笑っていました。そう、必要なときに駆けつけてくれるスウェーデンの医療制度もすごいけれど、こんな田舎暮らしでがんになっても自立して暮らしているのが、そもそもすごい。

特別な夏

「今年の夏は、特別な夏にしたんだよ。この家に、友人たちをたくさん招いたんだ。ほら、覚えてる？　2年前にキルステンと僕で合わせて150歳のバースデーをやったでしょう。君たちは参加できなくなって、ビデオを送ってくれたよね」

ああ、コロナ禍であきらめざるを得なかった二人の150歳バースデー。何かお祝いをと考えた結果、デンマークの子どもの誕生日で必ず歌うというバースデーソングを必死で覚えて、二人のために歌ってビデオを送ったのでした。

「あのときに来てくれた親しい友人みんなに、この夏はぜひ会いにきてほしいって伝えたんだよ。みんな時間を作って会いに来てくれた。7月から8月にかけて、この夏はたくさん来客を迎えたんだよ。君たちもこうして来てくれたしね」

やっぱり、この夏は特別なんだ。治療をやめたと聞いていたから、そうなんだろうけれど。胸がいっぱいになって言葉が詰まりそうになるのをこらえながら、「そうだよ！　はるばる日本から、ニィオークラまで来ました。ゲストの中でもわたしたちがいちばん遠くから来たんじゃない？」とおどけると、

「ははは！　ほんとにそうだね。よく来てくれた。この先はどうなるか、わからない。でもいい人生だって思ってるよ。僕もたくさん旅をした。好きなアートを仕事にして、生徒たちに教えるのは楽しかった。会議ではいつも退屈して、絵を描いてたんだよね。子どもみたいに、話は上の空で。僕がそういう人間だって、まわりもわかってるから自由にさせてくれてね」

会議の最中はいつも絵を描いていたというヘンリクの話を聞くのは、これで何度目だったっけ、と笑いながら、いつもどおりの会話を噛み締めていました。あまり長居はだめよというキルステンの言葉が気になって、たびたび「疲れてない？」と声を掛けましたが、ヘンリクの答えは「まだだいじょうぶ」。それでもまたすぐ気になって、だいじょうぶかなあと様子を窺うような態度をしていたら、

「あともうすこしだけ。だいじょうぶだよ。疲れたら、ちゃんとそう言うから。あともうちょっとだけ」と言われました。

別れはいつものお約束で

「そうだ、キルステンに庭のプラムをとってきてって言われてた。帰る前にちょっと庭を見てくるね。ほかに何かしてほしいことある?」と尋ねると、

「僕の描いた絵がたくさんあるから、どれか持っていかない? マーク、ちょっと手伝ってくれる」と立ち上がって、アトリエのほうに向かいました。マークは夫の愛称です。わたしが庭から戻ると、夫と二人で絵をいくつも抱えて戻ってきて、それをリビングのソファ上や床に並べると「どれが好き?」と尋ねました。

「あ、これ、前にヘンリクがくれた小さな絵と同じ構図だね」と、男性が山を背景に叫んでいる絵を見つけました。たしかアイスランドに旅行したときに描いたと話していたっけ。

「これヘンリクみたいだよね。どんなイメージで描いたの?」

「うーん、アイスランドの氷河みたいな、とてつもない自然を前に、うわーってなってる感じ。とくに意味はない」

以前とまるで同じ説明をするヘンリクに笑いながら、

「ムンクの『叫び』みたい。ヘンリク版『叫び』だね。これにする」と答えました。

ひまわりやお菓子と一緒に持ってきた画集に手を伸ばすと「僕はこの画家が好きなんだよ」とページをめくって見せてくれました。ニィオークラへ来る数日前にキルステンがリサイクルショップで見つけていた画集です。

「廃墟とか、戦場とか気落ちするようなテーマばかり描いているけど、僕は彼のスタイルが好きなんだよ。そうだ、もう一冊あるのを見せたいから、ちょっと来て」と再びアトリエに戻り、画集を探しました。アトリエの壁にはデューク・エリントンやカウント・ベイシーの写真をコラージュした絵が飾ってあり、今度はそれを指さして、このシリーズも好きなんだと壁から外して見せてくれました。しまった、音楽の話がはじまると、止まらなくなっちゃう……。

でも、そろそろ行かなくちゃ。そう思ったのと同じタイミングで、ヘンリクが「ちょっと疲れてきたな」と言いました。

「うん、そろそろ行かないと、だね」

ヘンリクとハグをして、頬に軽くキスをしてから「ノー・キス・フォー・マーク、でしょ」と言うと、一瞬きょとんとしたヘンリクがすぐに笑い出しました。いつもわたしたちと別れのハグをするときに、わたしには頬にキスをして、夫には「君にはキスはなし」とふざけていたからです。それはいつしか別れのお約束になっていて、わたしから手紙を書くときはいつも「ユリコとマークより、たくさんのハグとキス（とくにマークより）を！」と記していました。

「ノー・キス・フォー・マーク！」と笑いながら夫とハグを交わし、ベッドにまた横たわるヘンリクを見て、部屋を後にしました。最後に振り返って、もう一度だけ何か言いたくなり、デンマーク語でヴィセース（またね）と言おうとしましたが、もし伝わらなかったらなあと思い直して、

「シーユー、ヘンリク！」と大きな声で言いました。

一瞬、驚いたような顔をしてヘンリクが、

「シーユー」と言ってくれたのを聞いて、玄関を出ました。

「またね」という言葉がふさわしかったのか、わかりません。この先は、どうなるかわからないとヘンリクも言っていたから。1年前にわたしたちに内緒でコペン

ハーゲンまで駆けつけて盛大に驚かせてくれたように、またサプライズが待っているかもしれないし。

「来られてよかったね」

「それにしても冬と全然ちがうねえ」

「サンルーム、あんなに素敵だったんだね」

「ニィオークラまで、わたしたち自力で来られるようになったね」

「そうだね。また来られるといいね」

そんな会話をしながら、わたしと夫は来た道を戻っていきました。

庭がなくっちゃ

「市民菜園」という言葉を知ったのは、北欧経由でした。都市部に暮らす人々、庭のない家に暮らす人々が国や自治体から小さな土地を借りて、庭いじりができるようにと考えられた仕組みで、ヨーロッパでは200年の歴史があるそうです。

コペンハーゲンに暮らす友人ソフィーと知り合って、3年目くらいのことです。「デンマークの暮らしに興味があるなら、コロニヘーヴに行ってみない?」と誘ってくれました。初めて耳にする単語にきょとんとしていると、「ガーデニングや庭で過ごす時間を楽しむ場所なの。デンマークではすごく親しまれている場所なんだよ」と解説してくれました。ソフィーが暮らすのは、空港に近いアマーと呼ばれる住宅地で、そこから車で数分の場所に彼らの「庭」がありました。

ヘーヴとはデンマーク語で庭を意味する言葉。ソフィーと一緒にコロニヘーヴのゲートを入ると、広い敷地にずっとつづく生け垣が見えました。

「ここにはぜんぶで50ほどの庭があるの。ほら、地図もあるよ」と掲示板に貼られた庭の区画マップを指さしました。道に沿って進んでいくと、生け垣の合間に小さな門が見えます。ペンキで塗られた木製の門もあれば、クラシックなアイアンゲートもありました。門の横には番地のプレートが貼ってあります。

「それぞれの庭に小屋があって、庭仕事の道具を置いたり、休憩もできるの」。

ソフィーの庭の入り口は、生け垣がアーチのようにあしらわれていました。庭の真ん中には四角い平屋のコテージがあり、小屋というにはずいぶん立派な造りです。裏手から中に入ると、小さなキッチンがあって、その先の部屋の大きな窓から、いま入ってきた庭が正面に見えました。部屋の中にはソファやテーブル、小さな収納棚も置いてあり、隣の小部屋にはベッドが置いてありました。庭というけれど、ここで暮らせそうだね、と感想をつぶやくと、

「コロニヘーヴにはルールがあって、定住してはいけないの。でも夏の間に泊まる

のはいいのよ。暖房がないから、そもそも冬に過ごすのは無理なんだけどね」とソフィー。訪れたのは5月初旬で「そろそろコロニヘーヴで過ごす季節のはじまりだよ」と教えてくれました。

あらためてキッチンを見ると、シンクはありますがコンロはありません。壁には、蚤の市で見ることもあるレトロな棚がとりつけられています。小さな引き出しにシナモン、コショウ、米、穀類と書いてあり、引き出しに直接スパイスや乾物を入れておく昔ながらのキッチン用シェルフです。モダンなデザイン好きのソフィーが使っているのが不思議に感じましたが、コテージの雰囲気にはぴったりです。

「うちはお湯も出るけど、給水設備がないコテージもあるのよ。原始的な暮らしを楽しむのには最高の場所ってこと」とソフィー。

色とりどりのコテージ

デンマークのコロニヘーヴ協会によると、全国には6万2千のコロニヘーヴがあり、賃貸料は一般的な価格から考えるとかなり格安に設定されているそう。

「コペンハーゲンのまわりは、ほかにもコロニヘーヴがあるけど、すごく人気があって、新規で借りるには何年も待つの」と聞いて、あ～なるほど、空港から市内へ移動するときや、郊外の美術館へ行くときに列車の窓から見えたのはもしかしてコロニヘーヴだったのかなあ、と思い至りました。家というには小さすぎる小屋がいくつも並んだ区画があったのです。

「ほかの人の庭ものぞいてみる?」との提案で、コロニヘーヴ内を探検することに。それぞれの庭に勝手に入ることはできませんが、門の手前からでも庭やコテージの様子を眺めることはできます。木々が植えられた庭もあれば、すっきりと芝生だけの庭もあり、すでに洗濯物を干している庭も見えました。

市民菜園は庭が主役。それはもちろんそうなのですが、実際に歩いてまわって思ったのは、庭に建つコテージがそれぞれ個性的でおもしろい！　ソフィーのコテージは黒い壁に白い窓枠と、とてもシンプル。黄色い壁にレンガ屋根のコテージもあれば、赤や青のコテージもありました。大きさもそれぞれで、これは普通に住めるのでは?　と思うような建物もあれば、小さな小屋をすこしずつ建て増ししたようなコテージもありました。ひときわ目を引いたのは、鮮やかな水色のコテージ。手前に広いテラスがあって、カラフルなハンモックが吊るされていました。

「知りあいの庭なの。入ってみる?」とソフィー。おお、まさかのコテージ拝見。近づいて見ると、水色の外壁には蝶のレリーフがかけられ、植物の合間に仏像が置いてあったり、ユニークなあしらいがいっぱい。

「彼女、スタイリストなのよ」と聞いて納得。ここで撮影もできそうです。ガーデンテーブルやソファが置かれたテラスを見ると、「セミ」の名前で知られるデンマークのビンテージ照明が吊るされていました。

「うわ、セミを庭で使ってる人、初めて見た!」と思わず声が出てしまいました。トランペットのように広がるランプシェードが特徴で、一度見たら忘れない形をしています。蚤の市やアンティーク店でも見かける、人気のデザインなのです。

庭の主が出てきたので挨拶をすると、ソフィーが「彼女、日本から来ていて、北欧のガイドブックを書いているのよ。こっちの暮らしに興味があるから連れてきたの」と紹介してくれました。

「あら、そうなの!　よかったら写真、好きなだけ撮っていってね」とわたしが手に持っていたカメラに気づいて、声を掛けてくれました。わーい。めでたく、主の許可を得て、庭先にぶらさがるセミの照明や、華やかなテラスや外壁の様子を思う存分に写真に収めました。コテージのほかに温室もあって、ガラス戸から見える温室内にもかわいらしい缶や植木鉢やガーデンチェアが並んでいました。
「ソフィー、わたしここに半日いられそう。楽しすぎる」と伝えると、ソフィーが
「それはよかった！　きっと好きだと思ったもの。今度はわたしの庭で泊まるといいよ。夏なら快適に過ごせるし、ここから海も近いのよ」と教えてくれました。デンマークの庭コミュニティで過ごす夏の日々。そんなの最高でしょうね。
「でも今日のところは、そろそろ行かないと、でしょ」とソフィーに促され、後ろ髪をひかれつつ初めてのコロニヘーヴを後にしました。じつはそのまま空港へ向かって、デンマークを去る日だったのでした。

北欧の庭カルチャーを探る

すっかりコロニヘーヴに魅了されたわたしは、協会のページを調べたり、資料を

探し、日本でもすこしずつ広がりを見せていることを知りました。日本の市民菜園はドイツからの影響が大きいようですが、調べてみるとデンマークでの歴史も古く、発祥の地のひとつとされているよう。そしてお隣の国スウェーデンではコロニーロットと呼ばれ、やはり古くから親しまれていることがわかりました。

デンマークで訪れたソフィーのコロニヘーヴは権利を持つ人しか入ることができませんでしたが、スウェーデンの首都ストックホルムにあるコロニーは誰でも入ることができる、そんな情報を得たわたしは数年後に、また庭体験をしました。

お目当てのコロニーロットがあるのは、中央駅から4駅ほど南に下ったスカンストゥルという地域です。駅前の大通りには高層ビルやショッピングセンターが立ち並ぶにぎやかなエリアで、その裏手に大きなコロニーロットがあるとは意外でした。ここには、なんと140を超える庭があるそう。

大通りから10分ほど歩くと、公園とも森ともちがう、緑広がる場所に出てきました。デンマークで見た生け垣とはちがって、主に木の柵で区切られていて、それぞれの庭の中に建っているのは、赤いレンガ色の壁に白い窓枠というスウェーデンらしい小屋でした。時折、水色や茶色の小屋もありましたが、圧倒的に赤が多いのです。その壁色は、スウェーデンのファールンと呼ばれる地域でとれる塗料によるものので、防腐効果が高いために、伝統的に使われてきたもの。ファールンレッドと呼ばれる赤い壁は、スウェーデンの原風景にある色なのです。

訪れたのは9月の終わりでしたが、まだ暖かく、庭先にテーブルを出してコーヒーを飲んでいる人も見かけました。わあ、コロニーロットでフィーカとは、これまたなんとスウェーデンらしい風景でしょうか。コーヒーを片手にお菓子をつついて、家族や友人と過ごすフィーカの習慣を、スウェーデンの人々はこよなく愛しているのです。夏の終わりだったせいか、庭によっては草木が生い茂りすぎて柵を越えていたり、だいぶワイルドな状態になっている庭もありました。

ここの敷地内には、コロニーロットの歴史を展示する小さな博物館もあると聞いていたので、まずはそこを目指します。しばらく歩くと、斜面の上のほうにスウェーデン国旗が揺れる小屋を見つけました。近づいて見ると「コロニー博物館」の看板があります。写真を撮ろうとしたら、ちょうど中から人が出てきて、おいでおいでと手招きをされました。つられて小屋に入ると、部屋の中には1906年からつづくコロニーの歴史が展示してありました。赤い壁のコテージは、当時から受け継がれている伝統的なスタイルで、間取り図も展示してありました。

「グレタ・ガルボは知ってる？」と先ほどの男性に話し掛けられ、指さした先を見ると、学生服のような装いの若き日のグレタ・ガルボの写真が貼ってありました。

「ガルボのお父さんも、ここに庭を持っていて、家族でよく過ごしていたんだよ」

おお、あの銀幕の女王グレタ・ガルボが。

「ガルボはこの辺りの出身なんですよね。よく訪れていたというカフェで、ガルボの名前がつけられたお菓子を食べたこと、あります」と伝えると、「へえ！　よく知ってるねえ！」と驚かれました。

ストックホルムは繰り返し訪れていて、じつはガイドブックも書いているんです、コロニーロットに興味があって来ましたと伝えると、一緒にいた女性が、

「今日はこの後の予定は？　もしよかったらわたしたちのコテージを見ていく？」

と声を掛けてくれました。

「わたしはエリザベス。彼はロルフで、わたしたち夫婦二人でここを管理している

のよ」。思いがけない誘いに、わたしは喜び勇んでついていきました。

スウェーデン式の間取り

博物館からすぐの、同じく高台にある二人のコテージはやはり赤い壁でした。入り口の手前には小さなベランダもありました。

「天気のいい日は、ここに小さなテーブルを出して、コーヒーを飲むのよ」とエリザベスさん。小屋に入ると、造りつけの机の上に小さなガスコンロや湯沸かしポットが見えました。その脇には水を入れたタンクがあり、流しの代わりと思われるバケツに食器が入っていました。おそらくキッチン機能はこれだけなのでしょう。ソフィーのコテージとはだいぶちがって、部屋もひと部屋だけ。

博物館に展示してあった、当時からのコテージとおそらく同じと思われる間取りで、ベランダも含めておそらく10平方メートルほど。部屋に対してベランダや玄関部分はゆとりがあって、庭に向きあうための間取りであることが窺えます。それでも壁には陶器の壁飾りがかけてあり、果物はかわいい缶に入れられ、オープンシェルフにはコーヒーポットやカップがいくつか置いてありました。ミニマルだけど、スウェーデンらしい、かわいいインテリアです。棚には庭仕事に必須の日焼け止めクリームも数種類、置いてありました。

ベランダに出てみると、庭にトマトがたくさんなっているのが見えました。

「今年はたくさんなったのよ。食べてみて」とひとつもらって、口に入れます。

「花を植える人もいれば、わたしたちみたいに野菜中心の庭もあるの。戦後の貧しい時期には、みんな野菜を植えていたみたいだけど」とエリザベスさん。

「コペンハーゲンでもとても人気で、なかなか新規で借りられないって聞きましたが、ストックホルムでもやっぱりそうですか?」と尋ねると、

「そうねえ10年以上は待つのがあたりまえね。最近はとくにまた人気が高まっているし。わたしたちもそうだけど、定年までには借りて、退職後にゆっくり過ごすという人が多いわね。若い人はすることが多いから、コロニーでゆっくり時間を過ごすのも難しいし。きちんと庭の手入れをしないでほったらかしていると、権利が剥奪されちゃうのよ。一度借りたら、それこそ人生を終えるまで過ごす人も多いから、なかなか順番がまわってこないの」

「デンマークの友人の庭は、夏は寝泊まりもしていいと聞きました」と伝えると、

「あら、ここでは寝泊まりはしてはいけないのよ。見てのとおり、寝るスペースもないしね」とエリザベスさん。北欧の庭にもいろいろあるんですね、と話は尽きませんでしたが、

「ところで、時間はだいじょうぶ？　コロニーに寄って、飛行機に乗り遅れたなんて笑えないからね！」と二人に促されました。じつはその日もまた、スウェーデンを経つ日だったのです。

「またいらっしゃい！　知りたいことがあったら、いつでも聞いてね！」と二人に送り出され、手を振りながらスウェーデンの庭を後にしました。

旅のしめくくりに、庭時間。これは、定番のスケジュールにしたいくらい。そんなことを思いながら空港へと向かいました。

第3章
町を歩いて好きをみつける

わたしの好きな蚤の市

北欧の国々を繰り返し旅している理由のひとつが、蚤の市です。ビンテージの食器やテキスタイルを掘り出す楽しさもあれば、北欧の暮らしでどんな生活道具が使われているのかを見るのも楽しいもの。5月〜9月は蚤の市のシーズンで、週末ごとにさまざまな規模で開催されています。

初めてのフィンランド旅行では、建築めぐりの合間に、フィスカルスという村で開催されていた大きなアンティークマーケットを訪れました。フィスカルスはもともと製鉄業で栄えた場所ですが、いまではアーティストが多く暮らす地として知られています。ヘルシンキから列車で1時間ほどの最寄り駅に着くと、マーケット会場までのバスの案内がありました。1時間に1本だけのバスに乗り到着したのは、もともと脱穀場として使われていたという大きな納屋。１００年以上は経っているであろう年季の入った建物に入ると、のどかな外の雰囲気とは裏腹にたくさんの人、人、人でにぎわっていました。所狭しと並べられた棚やテーブルには陶器やガラス製品がずらり。リネン類から家具までさまざまな生活道具が並び、左右前後どこを見渡してもアンティークの世界が広がっています。年に一度だけ開催されるこのマーケットには、全国からアンティークのディーラーが集まっているのでした。

「ああ、オイヴァ・トイッカのガラスの鳥オブジェが、あんなにたくさん……」

「アラビアの小花柄のカップ＆ソーサー、あれはたしか有名なやつ……」

ビンテージ初心者だったわたしは、物量と品揃えにただただ圧倒されるばかり。

「かわいい食器をいっぱい買おうっと。お値打ち品が見つかるといいな～」

そんな、ふんわりとしたイメージでは太刀打ちできる場所ではありません。

あら、これかわいいと手にとっては「うわっ、たっかい！」と驚き、積み上げられたカップや皿のあまりの数の多さに、どこから見ていいのかもわかりません。

「かわいいといえば、ぜんぶかわいい。どれもこれもかわいい……。はて、わたしはいったい、何が欲しいのか」と、呆然と立ち尽くしてしまいました。

大きな会場は、ひとめぐりするだけでも大変です。カフェや飲食のスペースもあったので、ひと息入れることにしました。いまの自分だったら「食事はあと！まずは会場をひととおり歩いて目を通して……」となるところですが、全部なんてとても見てまわれそうにありませんでした。

会場に戻ってあらためて見てまわると、扉や窓まで売っているのに気づきました。当時ちょうど家のリノベーションを考えていたわたしは、リノベで使えそうな、ドアノブやフックがあったら買いたいなあとも思っていましたが、窓はさすがに持って帰ることができません。

買っておけばよかったなあと思ったのは、水色と黄色の小さなカフェエプロンです。洗濯バサミの刺繍が愛らしくて何度も手にとったものの「……使うかなあ？」と悩んで結局、棚に戻してしまいました。いまのわたしだったら「いいから買っておけ！　使うあてがなくても、見てニヤニヤするだけでもいいものが世の中にはあるんだ！」と背中を押したいところです。

そんなビンテージ初心者でも「やっぱり買う。これは買う」と決めたのは、手のひらにのるサイズのコロンとした猫のフィギュアでした。50ユーロだったところをすこしまけてもらって、それでも「すこし高かったかな?」と思ったのですが、それがリサ・ラーソンの人気シリーズの猫だったとは、だいぶ後になって気付いたのでした。買うときに売り主さんと話をして、

「へえ、スウェーデンのデザイナーさんの作品なんですか。フィンランドじゃないんだ」とちょっとガッカリした記憶があります。知らないって恐ろしいですね。

ロッピスで探すもの

あるときから、がぜんおもしろくなったのが、地域密着型の蚤の市です。最初に知ったのはストックホルムで開催されていた「1kmロッピス」と呼ばれる蚤の市でした。ロッピスとはスウェーデン語で蚤の市を意味する言葉で、名前のとおり、1キロにわたって住宅街の道沿いで開催されているのですが、出店資格があるのは、その地域に住んでいる人だけ。該当する郵便番号の住所を証明できる人しか出店することができず、プロの出店は固く禁止されているのです。不用品のリサイクルと

いう蚤の市本来の目的を楽しむこと、また地域交流を目的に、地域コミュニティが主催しているのでした。

プロ禁止となるとガラクタばっかりだろうか、でも掘り出しものが見つかるかな、と淡い期待を胸に向かうと、通りに並んだ出店テーブルには生活感たっぷりの品が並んでいました。時折、「あ、あの柄！」と人気のビンテージ食器も見つかるのですが、手にとってみると欠けていたり、だいぶ使い込まれています。古本だけを積み上げて売っている人もいれば、レコードを大量に出している人もいます。並んでいる品で多かったのは花瓶にキャンドルホルダー、取っ手付きのキャセロール、琺《ほう》瑯《ろう》の鍋にヤカン。メラミン樹脂のカラフルなボウルやレードルもキッチンの定番のようです。

「あ、ヒヤシンスの球根を入れて水栽培する器だ。クリスマスに窓辺に並べるやつ」とか「サマーハウスや玄関に敷く裂き織りマットだ」など、スウェーデンの生活道具について知識が増えていたこともあり、暮らしをのぞくような蚤の市は思っていた以上に見ごたえがありました。

時折、日本の寿司店で置いているような湯呑みがあったり、着物のようなローブ

LOPPIS
LÄSEBOK

などアジアテイストの雑貨も見かけます。蓋のないティーポットや、いくらなんでも錆びすぎているのでは、と思う鍋もありました。値段は10クローネや5クローネ（1クローネは14円くらい）の値札が多く、捨てずに誰かが使ってくれれば御の字といった雰囲気です。そんななかでも錆びた缶に「１５０クローネ」と強気の値段がついていたりして、「きっと思い入れがあるんだなあ。わたしもそうなりそう」なんて思いながら通りの端から端まで見てまわりました。

思わず買ってしまったのは、さくらんぼが描かれたティーカップ。フィンランドのアラビア社製で、『キルシッカ』の名前でとても人気の高いデザインです。真っ赤なさくらんぼ……のはずですが、おそらく食洗機で何度も洗いすぎたのでしょう、限りなく淡いピンク色のさくらんぼになっていたのでした。お値段はやはり10クローネ。あの赤がこうなるか、というのもおかしくて、持って帰ることにしました。

ふと手にとって購入したのは「läsebok」と表紙に書かれた本。中はスウェーデン語で読めませんが、挿絵がたくさん描かれていました。子どもが読書力をつけるための教本だそうで、よく知られるお話も含めてさまざまな物語が載っているそう。

挿絵の数が多く、ページをめくっているうちに欲しくなってしまいました。こちらもお値段10クローネ。その後も、蚤の市で「läsebok」を見つけると買っています。

子どもたちがおもちゃや本を売っているブースもありました。これは北欧の蚤の市でよく見かける光景で、小さな頃から「いらなくなったものは、次の使い手に渡す」ことに慣れていくのでしょうね。「思い出があるから手放せない」と、不要なおもちゃもため込んでいた自分からすると、本当に偉いなあと思います。

通りからすこし入った中庭にも出店がありました。住宅街の中庭なんて普通は入る機会がないので、わくわくしながら足を踏み入れると、3人の白髪のマダムがジャムやスパイスやキッチン用品を販売していました。目が合うと、ニコニコ笑顔を返してくれたので話し掛けてみると「ここで暮らしている仲間なのよ」と教えてくれました。いいなあ、おばあちゃんになってもご近所さんと一緒に蚤の市に出店するなんて。でも、家の前だったら出店するのも片付けもラクでいいですよね。

サウナとプール、どっちが銭湯？

海外を旅していると、お風呂が恋しくなるもの。宿泊先で、バスタブ付きの部屋がとれればいいけれど、なかなかそうもいきません。北欧のホテルではバスタブのない部屋も多いんですよね。その点、フィンランドはいい。だって、サウナがありますからね。ホテルにもたいていサウナがついていて、これまで泊まったホテルは、もれなくサウナがありました。

町を歩けば、公衆浴場ならぬ公共サウナもありますし、旅の途中にのんびり汗を流す場所があると、疲れのとれ具合がちがいます。お風呂の国から来た旅人にとって、これは本当にありがたい。

ここ数年、フィンランド以外の北欧の国々でも、サウナ人気がめきめき急上昇しています。スウェーデンには、もともと地域によってサウナを楽しむ文化があり、西側の海沿いには、体が温まったら海に飛び込めるサウナが点在しています（その話は『探しものは北欧で』で紹介しているのでぜひご覧ください）。

「サウナ？　ああ、フィンランド人が楽しむやつね」と、ドライな態度をしていたデンマークやノルウェーでも、昨今はサウナが流行中。おしゃれなカフェに併設されたサウナあり、フードトラックが並ぶヒップなエリアにも、再開発でにぎわうウォーターフロントにもサウナ。日本のサウナブームもすごいですが、北欧のサウナブームもなかなかのもの。ちょっとやりすぎというか、敷居が高いサウナも多く、なぜサウナは人を〝ウェーイ系〟にさせてしまうのか？　サウナ＝ウェーイは万国共通なのか、などと思わずにもいられません。もうちょっとふらっと、銭湯のように入れるといいのですけれど。

限りなく銭湯に近いプール

ではここで、サウナ文化に匹敵するほどの、日本人の心をわしづかみにする入浴カルチャーのある国をご紹介しましょう。アイスランドです。

アイスランドといえば火と氷の国。氷河と地熱の国なのです。荒野に点在する水たまりから湯気が上がる国であり、地中にパン生地を埋めておけば、翌朝にはパンが焼き上がっている国です。だからあちこちに温泉があるのです。

アイスランドの温泉と聞いて、かの有名なブルーラグーンを思い浮かべる方もいるでしょう。絶景を眺めながら入る、世界最大規模のゴージャスな温泉施設ブルーラグーン。温泉の中にはバーあり、スパあり、さらにサウナもあります。

わたしも初めてのアイスランド旅行では、絶対にブルーラグーンに行くぞ～と勇んで行きました。お肌によいという天然成分シリカを含んだ乳白色のお湯は気持ちよく、苔むす溶岩台地に囲まれての入浴体験はスペシャルなものでした。でもそれ以上に心惹かれたのが、レイキャビクの町で体験した地熱プールでした。

アイスランドの首都レイキャビクを歩いていると、「地熱プール」のマークを見かけます。プールのマークといえば、波のラインに泳ぐ人が描かれたピクトグラムが一般的だと思うのですが、レイキャビクで見たマークは、二本線の波マークに「つかる」人。泳いでいません。なんだか温泉とプールを合体させたようなマークなのです。そして実際に地熱プールへ行ってみると……やっぱり泳がずに、つかっている人が多い！

アイスランドのプールは地熱による温水を利用したもので、屋内プールはもちろん、屋外にある競泳プールもほんのり温か。プールのほかに「ホットタブ」と呼ばれるジャグジー付きバスが必ずあって、こちらは40度前後と、しっかり体が温まる温度になっています。地元の人々にはもっぱらホットタブが人気のようで、プールはガラガラなのにホットタブには人がわらわら。仕事のあとに立ち寄って、ぼんやりつかる人も多いとのことで、もうこれはプールというよりも銭湯です。

泳ぐのが好きなわたしにとって、プールが空いていてのびのびと泳げるのも嬉しいもの。プールの温度は30度にいかないくらいで寒い日は、最初は心もとないのですが、泳いで体が温まってくると、ちょうどいいくらいの温かさです。寒ければホットタブへ逃げ込めばいいので、12月初旬の雪もちらつくような日にも屋外プールで泳げるなんて、初めての体験でした。

地熱プールから、地熱ビーチまで

レイキャビクには地熱プールがいくつかあって、ウォータースライダーのある大型施設もあります。わたしのお気に入りはシュンホットリンと呼ばれるプール。レイキャビクのランドマークとして知られるハットルグリムス教会のすぐ裏にあり、外見はいかにも公共のプール施設といった感じのシンプルな建物ですが、屋内プールから見えるアールデコ調の窓や、光がさし込むルーフトップが優雅な雰囲気を出しています。さりげなくよい建物だなあと思っていたら、ハットルグリムス教会の設計デザインをしたアイスランドを代表する建築家、グズヨゥン・サミュエルソンが手掛けているのでした。

地熱プールは早朝から開いているのも、好都合です。朝食の後、シュンホットリンへ向かうと、屋外の競泳プールにはほぼ人影なし。屋内プールには数名が、プール教室のようにコーチとともに過ごしていました。ホットタブは、屋外の階段を上がった高所にひっそりとあって、のぞいてみると、ここには人がいっぱいでにぎわっていました。主におじいちゃんとおばあちゃんで、やはり銭湯感があります。異国からやってきた風情のわたしを見ると、いったん静まりましたが、またすこしするとおしゃべりがはじまっていました。

こうしてアイスランドの地熱プール文化に魅入られたわたしは、取材で会う人々にも「おすすめの地熱プールはありますか？」と、隙あらば質問するようになりました。あるときは、新進気鋭の彫刻家に尋ねたところ、

「レイキャビクの町からすこし南に行くと人工の地熱ビーチがあって」

「地熱……ビーチ⁉」

「地熱で温めた海水で泳げるんです。ホットタブもあるし」

海水を地熱で温めたビーチ……⁉　この世には未知の世界があるものです。それにしても行ってみたい！

「海を見ながら入れる、ホットタブが最高なんですよ」

そんなの絶対に最高でしょう。ちなみにノイトホルスヴィーク地熱ビーチという場所です。


さて、サウナとプール、それともビーチ。あなたなら、どれを試してみたいですか？

プリンス・ヘンリクとお散歩

「今度、ヘンリクの店に遊びに行きましょう」

ある日、わがデンマークの母、キルステンが言いました。ヘンリクとは、キルステンの友人で売れっこのヘアドレッサーのこと（キルステンのパートナーとは別のヘンリクです）。初めて会ったのはキルステンのホームパーティで、数週間後に憧れの日本へ旅行する、というヘンリクを紹介されたのでした。パーティに現れたヘンリクはペプシのトレーナーにグッチのポーチを斜めがけという業界風の出で立ち。さすが接客業、さすが売れっこと言いたくなるコミュニケーション上手で初対面からおしゃべりに花が咲き、日本でも再会してすっかり仲良くなったのでした。

ヘンリクの店があるのは、コペンハーゲンの中心部に近い地区フレデリクスベア。店で待ちあわせをして、そのままカールスベアにある彼の部屋を見に行こうとの提案です。わたしが北欧の住まいや暮らしに興味津々なのを知っているキルステンはこうしてよく、誰かの家に遊びに行く企画を立ててくれるのです。

「じゃあ、プリンスの店に6時半でいい？」とキルステン。

へ？　プリンスって誰？　ヘンリクのこと？　あ〜もしかしてファッションや言動にとんがったところがあるから、あのミュージシャンのプリンスがニックネームなの？　などと詮索していたら、キルステンからの答えは、

「ちがう、ちがう、デンマークのプリンスのことよ」

デンマークの女王として１９７２年に即位し、２０２４年に惜しまれながらも生前退位したマルグレーテ二世の夫君であり、フランス名門貴族出身のヘンリク殿下のことなのでした。

「あのヘンリク殿下ってね、プライドが高くてほんとムカつくの。マルグレーテはあんなに人格者で、異国からやってきた彼のために精一杯、気を遣ってきたっていうのに。あのいけすかないフランス人は、自分がこの国の王になれないのはおかしい、なんて言い出しちゃって。まあもう、何を言っちゃってんだか！」とひとしき

り殿下の悪口が飛び出してきました。

「ああ、それって日本でもニュースになってたよ。自分が死んだら女王と一緒の墓はいやだ、みたいなこと言ってたっけ」

「そうなのよ、あの身のほど知らずが！　マルグレーテはね、女王としての気遣いができて、公務をしっかりこなして、若いときから責任感があって。だからこそ国民にも愛されているっていうのに。一方のあいつといえば、いっつもマルグレーテの横にぼやーっといるだけのくせに、それで王のように扱われたいだなんて、そんなわけないいじゃないの！」

すさまじい悪口大会です。

王として扱われたい、その願いが叶わなかったヘンリク殿下は2018年に亡くなり、歴代の君主が配偶者とともに眠るロスキレ大聖堂（ユネスコの世界遺産です）に埋葬されることを拒んで、気に入っていたというコペンハーゲンの宮殿の庭に埋葬された。そのニュースは日本のメディアにも取り上げられていたのでした。

「だからね、プリンス・ヘンリクとかけて、ヘンリクのことをプリンスって呼ぶことにしたのよ」。

へえ〜そうなんだ〜！　いや……。ねえキルステン、それって悪口になってない？　同名だからってそのニックネームでだいじょうぶなの？　怒涛の悪口をひとしきり聞いた後のオチに少々心配になりました。

「そしたらヘンリクも爆笑して、それいいね、って。だからプリンスなのよ」

そうでしたか。それならばよかった。しかし、こういう毒を含んだやりとりが、ほんと好きなんですよねえ。これはデンマーク人気質というものでしょうか。そういうノリが合わなかったのでしょうか、ヘンリク殿下は。


そうして訪れたプリンス・ヘンリクのサロンは、高級なレストランやブティックが並ぶ大通り沿いにありました。東京でたとえるなら青山あたりの雰囲気でしょうか。番地が書かれたメモを片手に通りの先を見ると、窓の向こうにプリンスの姿がありました。プリンスは、またしてもペプシのトレーナーを着ていました。もしかして制服なのかもしれません。店内に入ると、プリンスの愛犬、黒パグのベルサムも迎えてくれました。ちなみにベルサムとはデンマーク語でヘアコンディショナーの意味です。

4席ほどのサロンチェアが置かれた店内は、想像していたよりも控えめの落ち着いた内装でしたが壁が一面ピンク色。それがとてもコペンハーゲン的な、上品で大人っぽいピンク色で、ため息が出ました。ひととおり店内を見せてくれたあと、「ではカールスベアまで、僕の毎日の通勤ルートをご案内するよ！」とベルサムも一緒に店を出て、散策がスタートしました。

プリンスの店があるフレデリクスベアは、動物園や大きな公園があることで有名です。毎週土曜日には、市庁舎裏の駐車場で大きな蚤の市が開催されているので、わたしにとっては蚤の市の場所（ここでわたしは何度も掘り出し物にめぐりあっています）。コペンハーゲン中央駅前から走るバスに乗って何度も訪れていました。

そしてプリンスが暮らすアパートのあるカールスベアは、世界に知られるビール会社カールスバーグの本拠地。デンマーク語ではカールスベア。カールスバーグとは英語読みの名称です。そうか、フレデリクスベアとカールスベアって徒歩通勤できるような位置関係だったんだなあと、そのとき気づきました。旅行者あるあるですが、起点が中央駅だと、地域同士のつながりや距離感がわからないんですよね。

「普段は近道を通るけど、今日はせっかくだから、歩くのが楽しいルートで行こう」とプリンス。うん、いいですねえ。

店を出てすぐ、大通りから一本入ると、途端に静かな住宅街になりました。

「ここはヘンリク・イプセン通りと名付けられてるんだよ。あのノルウェーの作家の……ええと、なんだっけ、彼の有名な作品……ほら、あの女性が主人公の……」

あ、『人形の家』ですか？　近代演劇の父、ヘンリク・イプセンの代表作にしてフェミニズム小説の先駆け。えーと、デンマーク語で何ていうんだろう。とりあえず英語で、ドールズハウスでいいのか？　と考えていたら
「ドールズハウスね」とキルステンから先に答えが出てきました。

ヘンリクと歩く、ヘンリク通り。わたしの頭の中では、可哀想なヘンリク殿下とノルウェーを代表する文学作家ヘンリク・イプセンが謎の邂逅《かいこう》を果たしました。

「この辺りは、工業化が進んで人口が一気に増えた時代に、労働者の住宅がたくさんできたんだよ。売春婦が多くて、このイプセン通りにもたくさんいたんだって」とプリンス。

「そうよ、わたしは子どもの頃、この隣のヴェスターブロ地区に住んでいたけど、あそこも労働者の町だったわよ。売春婦もいっぱいいるようなね。いまじゃ、おしゃれなレストランやらバーやらで、ピッカピカしてるけど！」とキルステン。

そうかそうか、ヴェスターブロからも近いのか、と脳内マップの配置がまた更新されます。ヴェスターブロは飲食店やホテルも多く、コペンハーゲン中央駅からすぐ。観光客にもアクセスしやすい地域です。

「ふうん、で、なんでイプセン通りなの？　昔、イプセンが住んでたとか？」と尋ねると「うーん、知らないけど、たぶんちがうと思う」と二人。主人公の女性ノーラが夫と子どもを捨て、家を出て自立するセンセーショナルな物語を19世紀に生み出したイプセンの名前が、売春婦が多かったことで知られる通りに付けられるとは、どんな背景があったのでしょうか。

いまでは閑静な住宅街といった風情のヘンリク・イプセン通り。5階建てくらいの集合住宅が並び、住宅沿いにはラベンダーなど初夏の花が咲き乱れていました。こうした住宅街を歩くときに楽しいのが、バルコニー見学です。細い欄干のモダンな造りから、ガラス張りのバルコニーまでさまざまな形があって、たいてい椅子やテーブルが置いてあり、住人がお茶を飲んだり読書をしている姿も見られます。色とりどりの花が咲く植木鉢を置いている家もあれば、バルコニーからはみ出すほどの枝ぶりの植物を置いている家もあって、小さな面積ながら、この国らしい暮らしの様子をのぞき見ることができるのです。

イプセン通りから道を曲がってすこし進むと「このあたりはもうカールスベアだよ」とプリンス。目に入ったのはレンガ造りのクラシックな建物で、壁にはフィットネスセンターと書かれています。

「これがフィットネスセンターなの⁉」と驚いていると、

「もともとは藁倉庫で、その後はビールを瓶詰めする場所だったんだよ」

カールスベアでは十数年前から大規模な再開発がはじまり、その一方で古い建物も保存されており「新旧の建物のコントラストがおもしろいんだよ」とプリンス。

イプセン通りに比べて低層の集合住宅が増え、古風な三角屋根のテラスハウスもあれば、四角い箱を組み合わせたようなモダンな住宅もありました。さらに歩いて角を曲がると、見上げるような高層の建物や工事中の現場が増えて、再開発地域らしさが一気に出てきました。

象のいる町

「せっかくだから、カールスベアの象も見ていく?」とプリンス。

象とは? なんのことやらわかりませんでしたが、とりあえずついていくと「ここは中世の町?」と思うような、赤レンガの荘厳なゲートハウスが見えてきました。ゲートハウスとは中世ヨーロッパの城で見るような、建物に城門を組み込んだ建築です。壁を見ると「ニィ・カールスベア」と書いてありました。

「ニィって新しいっていう意味だよね? どうしてニューなの?」と尋ねると、

「カールスベアの二代目となるカール・ヤコブセンは事業の売上げを芸術品の購入につぎ込んだ。創業者で父親のJ・C・ヤコブセンはそれが気に入らず、絶縁状態になったんだ。それでカールはニィ・カールスベアと名付けた別会社を立ち上げた。対して、父親の会社はガムレ(古い)カールスベアと呼ばれるようになったんだよ」

なるほど~。ニィ・カールスベアといえば、コペンハーゲン中央駅の近くにその名を冠した有名な彫刻美術館があります。古代ギリシャやローマの彫刻をはじめ、ロダンやドガの重要な作品までが揃うコペンハーゲン屈指の美術館であり、ガイドブックには必ずといっていいほど紹介されている場所です。そうか、あそこにはカールが父に怒られながら集めた美術作品が並んでいるのか。

「カールがビールの利益を芸術に注ぎ込んだから、この町には当代一の美術品が集まったんだよ」とプリンス先生。ニィの謎も、なんでコペンハーゲンにそれほどの彫刻作品が集まったかの謎も解けました。

「ほら、象が見えてきたよ」

ぐんぐん先へと進んでいくプリンスにくっついて、アーチをくぐり抜けると、その先にいたのです。象が、それも4頭も。いやいやちょっと待って、こんなに大きいと思わなかった……と唖然としていると、「実物大らしいね」とプリンス。

なぜに象なのかと問えば「象は水を運ぶ象徴で、よく働く、繁栄の象徴だった」とのこと。さらに「カールには8人の子どもがいて、4人が死んでしまったから残った4人の子どもの健康と繁栄への願いも込められている」と解説がありました。

それにしても凄まじい建築なのです。中世の城のようなアーチ、モスクを思わせるイスラム的装飾。5階建の建物を支えるようにして立つ、4頭の象。

象の彫像を作ったのが、コペンハーゲンを代表するあの人魚姫像と同じ彫刻家と知ってまたびっくり。さらに人魚姫の像をコペンハーゲン市に寄付したのもカールだそうです。

プリンス先生の解説どおり、「コペンハーゲンの文化や観光資源は、かなりカールスベアによるところが大きい」んですねえ。いやはやすっかりカールスバーグへの見方が変わりました。

さっきから口数がいきなり減ったキルステンが、

「……ぜんぜん歩いたことないわね、この辺り」とぽつりと言いました。

お隣の地域ヴェスタープロ育ちのキルステンも、知らないことばかりだったとのこと。うんうん、わかる。私も東京育ちだけど、東京のことをあまり知らない。

それにしてもこのプリンス・ヘンリクは町案内が本当にうまい。聞くと、かつてスカンジナビア航空で客室乗務員をやっていたこともあるとのこと。案内がうまいわけだ。この調子でほかの地域も一緒に歩いてみたいものですね。

思いのほか多くの学びがあったカールスベア散策でしたが、わたしが心惹かれたのは「J・C・ヤコブセン」と名付けられた庭園でした。ヨーロッパを頻繁に旅したJ・Cが、各地から持って帰ってきた植物がたくさん植えられている庭園があるのです。

「植物、海外から持ち込んでいいんだ」と21世紀の旅人は思ってしまいますが、たしかに植物の種類が多く、それがやや雑多な感じで植えられ、共生している様子がおもしろいのです。

現在では公共の場として開かれるようになり、初夏の夕暮れどきには家族連れも多く、ジャグリングを練習する若者もいました。公園の前にはおいしいコーヒーショップもあり、飲みものを片手に散策するのもよさそうです。

J・C・ヤコブセンは植物への興味が深く、町の中心部にある植物園の設計や援助も手掛けていると知りました。芸術に目のないカールに対して、仕事一筋の父だったのかと思いきや、血は争えないではないですか、J・Cよ。

ちなみにカールスベアの「ベア」とは、デンマーク語で山を意味する言葉。J・C・ヤコブセンはカールの名前からカールスベアの名前を付けています。絶縁した二人ですが、J・Cが亡くなる前に仲直りしたと聞いて、ほっとしました。

コペンハーゲンに来ると、ついつい個性豊かなクラフトビールの数々に手が伸びてしまいますが、象のゲートを見て、庭園を歩いてみたら、あの緑色のラベルのカールスバーグで献杯がしたくなりました。そして後日、カールスバーグの缶ビールをスーパーで目にして、「あ！」と声が出ました。緑色のラベルには2頭の象。そうでした。カールスバーグといえば、象のラベルではないですか。

プリンスの素敵なお城

フレデリクスベアからカールスベアへの楽しい町散策の締めくくりは、お待ちかねのヘンリク邸訪問です。再開発で作られたおしゃれなレストランやカフェのある広場に面したアパートの一室で、「すっごい値段で買ったのよ、この人」とキルステン。うん、すごく高そうなエリアです。さすが売れっこヘアドレッサー。

玄関ホールに入るとびっくりするほど無駄なものがなく、何もなさすぎて「ここは『マトリックス』の白い部屋か？」と思うほど。エレベーターで上がると、各部屋の扉はオレンジ色なのでした。日本だとデザイン住宅でも、こうはならないよなあと、いちいち予想を裏切る館内の様子に驚きながらヘンリク邸の扉を開けると、細長い部屋の突きあたりにバルコニー付きの大きな窓が見えました。

白木のテーブルにアルネ・ヤコブセンのセブンチェア、食卓には存在感のあるペンダント照明。食卓やコーヒーテーブルにはキャンドルスタンドがいくつも置かれたプリンスのお城は、雑誌で見るようなおしゃれな空間でした。

「こっちがトイレと洗面で、ここが僕のお気に入りのベッドルーム！」とさくさくと部屋中を見せてくれましたが、寝室の壁はサロンと同じ淡いピンク色なのでした。窓の向こうに見えたバルコニーをのぞくと、ハーブが育つ植木鉢や大ぶりの観葉植物が並び、やっぱりベンチとテーブルが置かれていました。ベランダ用の電飾が灯された小さな空間は、ひとつの部屋のようでした。

ソファに腰掛けて、プリンスおすすめのワインを飲みながらくつろいでいると

「……ねえ、どうしたら物を減らせるの？」

唐突にキルステンから質問が飛んできました。

「このコンパクトな空間に、よく物が収まったわね！」

たしかにサイズ感が東京のマンションみたい、とわたしも思いました。

「わたしだったら、物があふれちゃうわ。どんどん物って増えちゃうでしょ。このままじゃいけないって思うんだけど」

わがインテリアの師匠、キルステンにもそんな悩みがあったとは。

「でもね、キルステン。小さい部屋ならそこに合うように物を減らせばいいんだよ。僕も前の部屋のときはもっといっぱい物があったよ。でもこの部屋に住みたいから、本当に好きなものだけ持ってきた。それで、いますごくハッピーだよ」。

世界共通の悩みに、ド正論で答えるプリンス先生です。

キルステンもプリンスも、わたしからすると北欧インテリアのお手本のような部屋に住んでいます。よいデザインに囲まれ、整理整頓され、ほどよく生活感のある居心地のよい、自分らしい部屋。

「よっ、インテリアの達人っ！」としか思えないのですが、試行錯誤したり、これでいいのかと悩むこともあるんですね。

部屋の一角には、ベルサムとそっくりの黒いパグの写真が飾ってありました。「ベルサムの前に飼っていた犬だよ。僕にとって最初の犬でね。死んだときは悲しくてずーっと泣き暮らしてた。お骨はまだそこに一緒にいるんだよ」

写真のそばには、犬のフィギュアやキャンドルと一緒に、小さなハート形の容れ物がありました。今度、日本で黒パグのグッズを見つけたら、今日の御礼に買っておこう。そんなことをふと思いつきました。

「僕の最愛の友だった。名前はシャンプーっていうんだよ」とヘンリク。シャンプーはデンマーク語でもシャンプーと言うのだそうです。

食器棚の上には、赤地に白十字の小さなデンマーク国旗が置いてあり、その横には赤い箱に白い文字盤の、国旗と同じ配色のカッコー時計がかけてありました。赤いカッコー時計なんて子どもっぽく見えそうなものですが、この空間にとてもマッチしています。

「デンマークカラーだね」とつぶやくと、

「それ、東京で買ったんだ」とプリンス。なんと。そうでしたか。

「東京では、どこのエリアが好きだった?」と尋ねると、

「あの、小さなセンスのいい店がいっぱい並んでるところ。君が勧めてくれた場所。ヘアサロンも多くて、ほらあの、小道も多くってさ……」

「青山?」「ちがう」「原宿?」「ちがう」「代官山?」「ちがう」

「えーどこだろう、渋谷とか銀座じゃないよね、ほかにどこを勧めたっけ?」と首をひねっていると、

「オモテサンドー!!」とヘンリクが叫びました。

「ああ、やっぱり! 絶対に好きだと思ったんだよね!」などとまたしても話に盛りあがっていたところ、キルステンが、

「ねえ、わたしも東京に行っちゃおうかしら。ヘンリク、あなたと一緒なら楽しそう」と言い出しました。


キルステンとのつきあいが深まりはじめた頃、たびたび彼女は言っていたのです。

「わたし、いつか東京に行かなくちゃ」と。でも膝の手術を経て気弱になり、パートナーに病気が見つかってからは「もう長旅は無理ね」と話していたキルステン。プリンスの見事なガイドぶりに感嘆してか、3人でおしゃべりしながらの散策が楽しかったからか、ひさしぶりに彼女の口から「東京に行ってみたい」との言葉が出てきたのです。それを聞いたわたしは、小躍りしたくなるほど、嬉しかった。そうだよ！　おいでよ！　とわたしの口から出るより先に、

「そうだよ！　一緒に行こうよ、キルステン！」とプリンスが言いました。

「僕は大好きなシンジュクに滞在するけどさ、ユリコの住む町はそうだね、キルステン、あなたの家とすごく環境が似てるんだよ。都心ほどにぎやかじゃないし、でも便利な場所で、雰囲気のいい住宅街で。キルステンはユリコの家に滞在してゆっくり過ごして、ときどき一緒に合流して町を歩いたり、ごはん食べたりしてさ。そうしようよ」

そうだよ、そうしようよ、キルステン。プリンスの絶妙なアシストにうなずきながら、こう思っていました。プリンスと一緒に今度はわたしの住む町においでよ。

マルグレーテ女王みたいにプリンスを従えてさ、東京の町を歩いてよ。このプリンスは、あのプリンスとちがって親切で気遣い上手だし、一緒に旅をしたらきっと楽しいよ。わたしも精一杯、ガイドするよ。ねえ、キルステン。

フィーカしようよ

声に出して読みたい、北欧の言葉。それは「フィーカ」。声に出して通じやすい、北欧の言葉でもあります。フィーカとはスウェーデンの言葉で、コーヒーを片手にクッキーや菓子パンなど甘いものをつまみながらくつろぐ、コーヒーブレイクのこと。日本でもここ数年で浸透している言葉で、店名や商品名に使われるのを見るようになりました。ちなみに日本で浸透している北欧の言葉といえば、デンマーク語で居心地のいい時間や空間を表す「ヒュッゲ」もありますが、ヒュッゲと発音しても、まず伝わりません。みぞおちの辺りに力を入れて、息を深いところから吐き出すように「フゲッ」といった感じで発音する……のですが、「は？」と聞き返されること、多々。デンマーク語、ムズカシイ。

〝Fika〟は、文字どおりそのままフィーカと発音しても、たいてい通じます。「スカ・

ヴィ・フィーカ（フィーカしませんか？）」という言いまわしがあるのですが、もっと簡単に「ハブ・ア・フィーカ」で通じます。「ハブ・ア・ブレイク、ハブ・ア・キットカット！」ならぬ「ハブ・ア・フィーカ」。

仕事や取材で知りあって仲良くなったスウェーデンの人と連絡先を交換したり、また会いましょうね、日本に行ったら連絡するね、などとやりとりするときに「じゃあ、フィーカしましょう！」と言うと、みんなニッコリ笑って「それがいい！」と返してくれます。

小麦の猫たちとのコーヒータイム

フィーカの本場スウェーデンには「また、あそこでフィーカしたいな」と頭に浮かぶ店がいくつかあります。有名なバリスタのいるカフェや、町いちばんのシナモンロールを出す店も魅力ですが、フィーカ処となると基準がすこし変わって、昔ながらの菓子パンを揃える老舗カフェに足が向かいます。

首都ストックホルムでお気に入りのフィーカ処は、ヴェーテ・カッテン。スウェーデン語で小麦の猫を意味する、創業1928年のカフェです。ここ数年で一気に店の数が増えて、中央駅やデパートにも出店するようになりましたが、フィーカをするならクングスガータン（王の通り）と呼ばれる道にある本店がおすすめ。角地にあって、扉や窓の上にかかるレトロな日除けテントが目印です。入り口の看板に「パン」「菓子」「カフェ」「ケーキ」「チョコレート」「オープンサンド」とあるように、店内ではお菓子だけでなくパンや軽食もいただけます。スウェーデンでは古くからの習わしで、コーヒーのおともに7種類のクッキーや焼き菓子を用意するとされていますが、スウェーデンらしいクッキーの種類も豊富なのです。

あるとき、もう数回目の来店でしたが、レジで注文をしていると、奥から友人が出てきてびっくり。日本に暮らすカール君です。同じ時期にストックホルムにいるとは聞いていましたが、まさかこんなところで会うとは。

「フィーカしてたの？　ていうか、なんでそこから？」

レジの奥にある厨房から出てきたように見えたのです。もしかしてバイトしてるの？　いや、そんなはずは……と不思議に思っていると、

「この奥にも部屋があるんだよ。そっちのほうが居心地いいよ」とカール君。

へえ、ぜんぜん知らなかった。てっきりその先には厨房しかないと思っていました。カール君に言われるがまま、レジ横の狭い道を抜けて奥の部屋にたどり着くと、なんとまあ、その空間の素敵なこと！　中庭に面しているのか、たくさんの窓から光が差し込んでいました。

ヴェーテ・カッテンは入り口こそこぢんまりとしていますが、じつは長屋のように奥へ奥へと部屋がつづいています。正面口すぐの部屋はモダンに改装されていますが、奥へ進むとグスタヴィアン調の家具や照明、絵画などで飾られた部屋がつづき、カール・ラーションの絵にあるような古きよきスウェーデン家庭を訪ねている気分になります。

北欧の一般的なカフェでは、コーヒーを頼むとコーヒーポットからセルフサービスで注いで、おかわりも自由にどうぞという形式が多く、ヴェーテ・カッテンでもクラシックなテーブルの縁に沿ってコーヒーカップがずらりと置かれていました。カール君が教えてくれた奥の部屋でも、おかわりを注ぎに向かう人が絶えません。スウェーデンの人にとって「カフェはリビングの延長のようなもの」と聞きますが、

FiKA

コーヒーを片手におしゃべりに夢中になっている人たちの多いこと。

ヴェーテ・カッテンの店内には、名前に負けじと猫がいっぱいいます。木彫りの猫、真鍮《しんちゅう》の猫、猫の絵、猫形キャンドルホルダーなど、あちこちにいる猫探しをするのも楽しいんですよ。

わたしがフィーカのときにいつも注文するのは、カルダモンロールという菓子パンです。北欧の菓子パンというと、映画『かもめ食堂』にも登場したシナモンロールが有名ですが、シナモンの代わりにカルダモンをたっぷりときかせたカルダモンロールも、負けず劣らず親しまれている味です。

カルダモンは、北欧の菓子パン生地にかかせないスパイスで、パンケーキやワッフルなどに使われることもあります。コーヒーにもよく合う爽やかな風味で、北欧のおやつといえば、カルダモンの香り。フィーカの香りともいえるでしょう。

マッツ・ミケルセンと歩くデンマーク

北欧の至宝こと、デンマークが世界に誇る俳優マッツ・ミケルセン。ハリー・ポッターシリーズの闇の魔法使いグリンデルバルド役から、テレビシリーズ『ハンニバル』の人食いレクター博士、インディ・ジョーンズの最新作では元ナチス党員と、ありとあらゆる悪役、敵役を演じては強烈な印象を残し、いまやハリウッドで引っ張りだこ。一方で母国デンマークの映画にも出演しつづけており、デンマーク語で演じるマッツもまたよいのです。

北欧の言葉の中でもとくに発音が難しいといわれ、「じゃがいもを喉につめたような発音」と他の北欧の国からからかわれるデンマーク語ですが、あのすこしかすれたような、ちょっとダミ声混じりのセクシーなマッツの声で聴くデンマーク語もいいものです。

デンマーク語を話すマッツが堪能できる推し作品のひとつは、スサンネ・ビア監督の『しあわせな孤独』。本作では、交通事故により婚約者が全身不随となった主人公の女性と不倫の恋に落ちる役を演じています。しかもマッツ演じるニルスは、交通事故を起こした張本人の夫という役柄。苦悩しつつも恋に舞い上がっていくマッツ・ミケルセンの浮かれっぷりも見どころで、ハリウッド作品で見られるクールで冷徹で完璧主義的マッツとは対照的。彼女と一緒に寝具売り場を訪れて「これにしようか」とベッドに寝転んで、きゃっきゃとはしゃぐ。そんな人間臭いマッツが見られます。

デンマークの町で、ベッドが並んだ店を見かけると「はしゃいでいたなあ。その後どうなるかも知らずに……」とニヤけたマッツを思い出さずにいられません。

アカデミー賞の国際長編映画賞に選ばれた『アナザーラウンド』では、お酒の力を借りて変身していく危うい高校教師、マーティンを演じています。本作では、ダンサー出身のマッツがキレッキレの踊りを見せるシーンがあり、その舞台となるのがコペンハーゲンの運河沿いにある広場（Nordre Toldbodという場所です）。有名な人魚姫像からも近く、マッツ詣でをしやすい場所でもあります。

まだ有名になる前の映画『ブリーダー』では、レンタルビデオ店の店員レニーを演じています。映画に対する情熱と知識はとてつもないのですが、コミュニケーション下手で、好きな女の子にアプローチするもののうまくいかない。いまのマッツからは想像もつかないヘタレな役柄です。舞台となるのはノアブロと呼ばれるコペンハーゲン北西の地域で、もとは労働者の町。ここ数年はおしゃれなカフェやショップも増えていますが、この辺りを歩くと、トンチキな映画トークをしゃべりつづけるレニーの姿が頭によみがえってきます。

マッツ、あらわる!?

デンマークには黒い犬をロゴにしたNETTOというチェーンのスーパーマーケットがあちこちにあります。わたしの友人はそのスーパーで、マッツと遭遇していま す。ある日、家のすぐそばのNETTOに行くと、高校生くらいの若者たちが、マッツ主演の映画『フレッシュ・デリ』の真似をして遊んでいたのだとか。この作品は、独立して自分のデリカテッセンを持ったもののうまくいかず、うっかり死なせてしまった出入りの業者の死体を、なぜかマッツが調理して店に並べてしまったところ大好評。味をしめた店主は悪事を重ねていく……というツッコミどころ満載のブラックコメディでマッツの盟友ともいえる、アナス・トマス・イェンセン監督による作品です。イェンセン作品に出演するマッツは、変人の役ばかりで、世界のマッツのオーラを完全に封印されており、なかでも本作は屈指の変人ぶりなのですが、スーパーマーケットの高校生たちはマッツ扮するヤバい店主の物真似をしていたのだそうです。そこへ本物のマッツが現れて「本物はこうだぞ！」と、子どもたちを驚かせながらふざけたのだとか。いやあ、わたしもマッツの物真似をして本人に正されたいものです。

こうして書き出してみるとデンマーク映画のマッツは、うだつのあがらない変人タイプが多いですね。町を歩けばヘタレなマッツが頭に浮かぶ、デンマーク。時折、街角で耳に聞こえる声が、話し方がマッツにそっくり！　ということも起こります。そんなときはそっと目を閉じましょう。マッツ・ミケルセンがいまわたしのそばにいる。そんな想像をするのです。一度、書店で本を物色していたときに背後で話していた人の声があまりにも似ていたので「マ、マッツがそばで立ち話をしてるみたいだ……！」と盛りあがっていたのですが、途中から「本物だったらどうしよう」「でも振り返って本物じゃなかったら、せっかくのマッツ時間が終わってしまう。もったいない」「でも本物だったら、もっともったいない」と振り返るか否かで葛藤したこともありました。

ちなみにマッツ・ミケルセンと発音しても、デンマークの人には通じません。発音の難しいデンマーク語ですが、人名となるとますます難しい。マッツというよりはマスと発音する感じです。わたしはたびたび現地の友人に「マッツ・ミケルセン大好き！」と話を振るのですが、「……誰のファンだって？」となかなか発音が通じません。こんなにマッツ好きを公言しているのに伝わらないとは、デンマーク語の発音とは本当に難しいものです。

本屋さんで出会った有名人

国内外を問わず、旅先では書店をよく訪れます。ご当地ガイドブックや、地域限定の雑誌や〝zine〟（ジン）を見つけるのは楽しいし、その土地にゆかりのある人々についての本にめぐりあえることもあります。北欧でも同じく、書店を見つけると入ってしまいます。

よく手にとるのは、絵本や写真集、そして料理本。観光客も利用するような大型書店では、『ノルウェー人を知るソーシャルブック』とか『アイスランド人を知るための小さな一冊』といった各国のお国柄や人々の特色について書いた本も見つかります。こうしたお国柄研究本は、近年、北欧がしあわせの国として注目されるにつれ増えているような気がします（内容は自虐的なものが多いようですが）。

アイスランド語で本を意味する「Bókin」と名付けられた古書店は、入り口で「これはきっと当たりだ」と予感するような店構えでした。広い店内に入るとあちこちに本が入った段ボール箱が積まれ、通路にもはみ出していました。雑然としているけれど、でも書棚はちゃんと見やすくジャンル分けされている、古書店の王道のような佇まいでした。レジの横にいた店主と思しき男性に話し掛け、日本から来て北欧の文化に興味があること、他の北欧の国々は繰り返し訪れているけれど、アイスランドはまだ初心者で……と伝えたら、

「北欧を専門に取材をしているのに、アイスランドに来るのが最後になったの？　アイスランドを知らないのに北欧が好きなんてありえないよ！」と言われました。

一瞬どきっとしましたが、ふふふ、といたずらっ子のように微笑む店主さんを見て、冗談だとわかりました。いえ、本気だったかもしれませんが。

「何かとくに探している本はあるの？」と聞かれて、「まずは料理本を見たいです」と伝えると、店の奥の棚に案内してくれました。

「えーと、ここからここまでが、英語で書かれたレシピ本。こっちはアイスランド語。ときどきデンマーク語の本も混じっているよ」と案内してくれました。ああ、

そうだった。アイスランドは、長くデンマークの統治下に置かれていたんだった。完全に独立したのはわりと近年だったなあと思い出しながら（デンマーク国王を君主としていたアイスランドが、共和国として完全独立を果たしたのは１９４４年のことです）、書棚を見るとたしかにデンマーク語の本もたくさんありました。

わたしはデンマーク語もアイスランド語も読めませんが、北欧の言語は「Å」や「Ø」「Ü」など、英語アルファベットにリングやストローク、ウムラウトがついたもの、また「A」と「E」がくっついた文字（ダイアクリティカルマーク、発音区別符号とされるもの）があって、「この文字はデンマークにしかないやつ」「これはアイスランド語独特の文字だったな」と見分けることはできるようになりました。「Bókin」の「ó」もそのひとつで、アイスランド語には「ð」や「Þ」など、他の北欧では見ない文字もあります。

レシピ本で大当たり

英語で書かれた本は、人気シェフによるレシピ本といった今風の装丁のものが多

60年代のバーベキュー本は、写真なしのイラストのみですが、60年代らしいタッチの挿絵がとにかくかわいらしいので即決でした。さまざまな形のバーベキューグリルや道具が描かれ、ひたすらソーセージを焼いている絵、結婚式でもバーベキューをしている絵、おしゃれな60年代風インテリアに囲まれて、コーヒーと一緒に簡易グリルでサンドイッチを楽しむ絵もありました。どれだけバーベキューが好きなんでしょうか。

剛腕チェスプレイヤーの椅子

「Bókin」の店内には、新聞の切り抜きがたくさん貼られた台紙もぶら下がっていました。店を紹介する記事もあれば、レイキャビクにまつわる歴史的な事件も貼られているようです。尋ねると「Bókin」は1964年創業。店の歴史とともに、レイキャビクの歴史も残しているそうです。そして店の奥の一角には、チェス盤が置かれたコーヒーテーブルを挟んで、椅子が二つ置かれたコーナーがありました。

「あれは何ですか?」と尋ねると、

「チェスの名手、ボビー・フィッシャーを記念するコーナーだよ。名前を聞いたこと、あるかな？　アメリカ人で、冷戦時代にロシアの強豪チェスプレイヤーを破った天才でね。アメリカで英雄のように讃えられていたけど、気難しい人だったようで心を病んでね。彼は晩年レイキャビクに住んでいて、この店でよく過ごしていたんだよ」と教えてくれました。そういえば『ボビー・フィッシャーを探して』という映画があったような気がしたなと思ったくらいで、そのときはあまりピンとこなかったのですが、「Bókin」を訪れてから1年ほど経った頃でしょうか。ネットフリックスで大人気となった天才チェスプレイヤーのドラマ『クイーンズ・ギャンビット』を観て、主人公がボビー・フィッシャーをモデルにしていたと知り、「これか〜！」とつながりました。

いまをときめくアニャ・テイラー＝ジョイが演じた、孤高のチェスプレイヤー。天才的な頭脳を持ち、波乱万丈の人生を歩みながら、連覇していたロシアチャンピオンを破った人。ドラマでは、女性として描かれていることをはじめ、ボビー・フィッシャーそのものというわけではありませんが、際立った才能や冷戦時代にいかに彼の勝敗が国家レベルで注目されていたのか、そうした本筋の部分は重なりま

Nyjir
ftirlælis
rettir

す。気になって調べてみたら、たしかに晩年は祖国を離れてアイスランドに渡っていたようです。

「孤高の天才でも、あの書店なら気に入りそう。ああ、また行きたい」。ドラマを観ながら、そう思いました。

「Bókin」で手に入れた3冊のレシピ本はいまもたびたびページをめくり、最近ではスマートフォンのカメラでテキストを読み取って翻訳できる機能もできたので、書かれている内容をあらためて読むこともあります。おお！ と感動したのは、80年代の著名人レシピ集のはじめに、「アイスランドを代表する50人のレシピ集です。男女それぞれ25名が選ばれています。男女平等であるべきですからね！」と書かれていたこと。80年代ですでにこの意識とは、さすが男女平等ランキングで15年連続の国！

第4章 忘れられない旅について

憧れの女性に会いに行く

それは2022年の暮れのこと。コロナ禍で旅ができなくなって、間もなく3年が経とうとしていた頃でした。朝、パソコンを開いたら、見知らぬ差出人からのメールが届いていました。メールのタイトルには、見覚えのある名前が。

「Turi in Japan」と書かれたメールを開けて読むと、ノルウェー人の著者が、トゥーリの人生とデザインを追う本を作っているので、協力してもらえないかという内容でした。トゥーリとは、60年代から活躍する陶器デザイナー、トゥーリ・グラムスタッド・オリヴェールのこと。花や鳥に囲まれた楽しげな少女や、ブーナッドと呼ばれる民族衣装を着た人々、魚や根菜が並ぶ市場など、ノルウェーらしい暮らしや自然の姿をカラフルに描いた作品で知られ、ときにコミカルで、躍動感のある楽しげなタッチはひと目でトゥーリのデザインとわかります。わが家でも彼女の食器を愛用していて、大好きなアーティストのひとりでしたから、二つ返事で依頼を引き受けました。

年明け早々に原稿を書き上げて送ってから半年ほどが経ち「そういえば、あの本はどうなったんだろうなあ……」と思っていた初夏のある日、ノルウェーから大きな箱が届きました。これはもしや、とワクワクしながら包みを開けると、予想していたよりもはるかに大きくて分厚い、表紙に「turi」と書かれた立派な本が入っていました。特大サイズのハードカバー本には、驚くほど多くの図版が収められ、初期の習作など、見たことのない絵もたくさん掲載されていました。テキストはノルウェー語と英語の併記で、トゥーリの半生や作品紹介とともに、1960年代に女性が働くことの大変さや、フェミニズムや平和運動にも参加していたアクティビストであったことも書かれていました。いまでこそ男女平等の国、女性が働きやすい国として知られるノルウェーですが、トゥーリほどの才能があっても、当時、女性がキャリアを築くのは大変だったことが窺えました。

夏の終わりに、またノルウェーからメールが届きました。今度は、本のデザインと編集を担当したデザイナーのカップルからで、「秋に来日するので、何か日本でイベントをできないか」との打診でした。これだけの図版が掲載され、トゥーリの世界に贅沢にひたれる本とあらば興味を持つ方も多いだろうと、書店やノルウェー関係の人々に声を掛けたところ、書籍を限定販売して、制作秘話を聞くトークイベントを開催できることになりました。

来日したデザイナーのシーモンとフッデレは、一つひとつの作品が生まれた背景にくわえて、いまもトゥーリが暮らす町のことまで話してくれました。本の制作を通して親交を深め、作業が終わってからもよく行き来しているとのこと。そう、トゥーリは健在で、いまもデザインをつづけているのです。

「ああ、トゥーリに会いに行ってみたいなあ」

イベント終了後、みんなでお茶を飲んでいたときに、思わずそんな言葉が漏れました。すると、シーモンとフッデレは声を揃えて「おいで、おいで！　いつでもウェルカムだから」と返してくれました。そして、

「来るなら早く会いに来たほうがいいよ！　なにしろトゥーリはもう、85歳だからね」とシーモンに念を押され、その言葉をしっかり受け止めたわたしは、翌年、行

くことにしたのです。トゥーリに会いに、いざノルウェーへ！

スタヴァンゲルの3人娘

「トゥーリに会える！」と目指したのはノルウェー第4の町、スタヴァンゲルです。人口14万人ほどの港町ですが、60年代にはスタヴァンゲル沖で北海油田が発見され、そのおかげでノルウェーは世界有数のリッチな国となりました。かつてはニシン漁や缶詰産業が主体で、工場跡地やニシン缶のデザイン史を残す博物館など、その名残もあちこちにあります。またノルウェー5大フィヨルドのひとつ、リーセフィヨルドに近いので、夏にかけては世界中からの観光客でにぎわいます。

わたしにとって、スタヴァンゲルといえば陶器の町。北欧のビンテージ食器を集めるようになって「これ、いいなあ」と手にとる器には「STAVANGERFLINT（スタヴァンゲルフリント）」の名が刻印してありました。スタヴァンゲルの地に創業し、一時期は世界に輸出するほどの隆盛を見せた陶器メーカーです。フリントとは同社が作っていた硬質磁器で、頑丈さをアピールするかのごとく、ロゴマークには石斧が描かれています。トゥーリに影響を与えた先輩デザイナーのインゲル・ヴォーゲや、トゥーリのよきアドバイザーだったカーリ・ニクウィストなど優れた人材を起用して、魅力的なテーブルウェアを生み出しました。60年代後半にはフィッギオ社と合併し、後に完全に吸収されてしまいますが、いまもコレクターの間では人気の衰えないメーカーです。

またスタヴァンゲルの南東には、トゥーリが名作を続々と生み出したフィッギオ社があり、さらにその南には歴史ある陶器メーカー、エゲルスン創業の地もあります。「ノルウェーの食器って、かわいいんだ」と気づくにつれ、優れた陶器メーカーが集中していたスタヴァンゲルの地への興味が深まりました。トゥーリ、インゲル、カーリとわたしの大好きな3人の女性デザイナーが才能を開花させた場所へ、いつか行ってみたいと思っていたのでした。

トゥーリのお宅訪問

さてトゥーリ訪問に話を戻しましょう。トゥーリが暮らすのは、スタヴァンゲルの町中から車で20分ほどのサンネスという町。訪問当日、シーモンとフッデレとは現地で集合することになり、すこし早く着いてしまったわたしと夫は、近くを歩きながら「ここのカフェにも、トゥーリが来たりするんだろうか……」などと、追っかけのような会話を交わしていました。ほどなくシーモン&フッデレ一家が到着しました。フッデレの手には「さっき焼いて、そのまま持ってきた」というシナモンロールが、天板にのったまま抱えられていました。その気軽さに笑いながらみんなで揃って、トゥーリのお宅の呼び鈴を鳴らしました。

開いた扉のその向こうに顔が見えたときはもう嬉しいやら、緊張するやら。かろうじて「お招きありがとうございます」と伝えると、にこにこと笑うトゥーリがそこに立っていました。

朝の光が差し込んでキラキラ輝くリビングは、まるでわたしの気持ちをそのまま映し出しているかのようでした。ダイニングテーブルにはコーヒーの用意があり、トゥーリはリビングの手前にあるキッチンに戻ってなにやら作業をしています。キッチンの作業台にはトゥーリデザインのキャニスターが置かれ、壁を見ると原画とおぼしきイラスト画が額装して飾ってあります。

「ここにも、あそこにも、トゥーリの作品……そして目の前にはトゥーリご本人」

その状況に思考回路はショート寸前です。

「パイを焼いたのよ。簡単なやつね」と、オーブンから取り出すトゥーリ。焼き上がったばかりの生地に、たくさんのいちごとビルベリーをドサッとのせて、テーブルに運ぶと、棚からコーヒーカップを取り出しました。

「これ、プロトタイプなの。商品化はされなかったのよ。営業が売れないっていって却下されちゃった」と見せてくれたカップには、紺色のラインで木々が描かれていました。かわいい。……ていうか、ちょっと、フィッギオの営業マンよ〜！　こんなにかわいいデザインを却下するって、あなたの目はどんな節穴？　ああ、でも書籍『turri』にはそういうエピソードも出てきました。営業マンは「売れるデザインを」ばかり言って、トゥーリの意見には耳を傾けなかった、と。

「わたし、ぜひ、それを使わせていただきます」

緊張と興奮でいっぱいになりながらも、手を伸ばしました。

みんなでテーブルを囲み、各自が好きにシナモンロールやパイをお皿によそってコーヒータイムがはじまりました。

「いちごはまだ時期が早いからノルウェー産じゃないんだけど。いちごはやっぱりノルウェー産に限るわ」

おお、「自国のいちごがいちばん」いただきました。これ、北欧を旅しているとよく耳にします。ノルウェー人はノルウェー産がいちばんと言い、デンマーク人はデンマーク産がいちばんと言い、スウェーデン人は……以下略。そしてフィンランドには「自分の国はいちご、他の国はブルーベリー」ということわざもあります。わが家がいちばんという意味らしく、いちご＝いちばんということ。北欧人はベリーが大好きですが、なかでもいちごは特別なんですよね。

コーヒータイムの途中で、日本から持ってきた自分の本をトゥーリに渡しました。

「あら、見たことのある器がある」とトゥーリ。そうなんです。その本の表紙にはトゥーリの器が並んでいるのです。

「日本に行ったのはもうずいぶんと前のことだけれど、有名な陶芸家の窯にも行ったのよ。えーっと、名前なんだったっけ」

「あっ、濱田庄司ですよね。益子でしたっけ」

「そう！　ハマダ！　わたしたち、アポをとっていないのに行ってみたくて、ダメ元で行ったのよ。そうしたらハマダの息子さんが出てきて、わたしたちの手を見て『陶芸家の手だね』って、窯を見せてくれることになったのよ！」

そう！　そのエピソードも本で読みました。日本で開催された国際クラフト会議に参加するため１９７０年代に初来日したこと。そのときに、ぜひ見てみたかったのが濱田庄司の窯だったこと。日本の民藝って、やっぱりすごいんだとあらためて感じたくだりです。


リビングには背の高い大きな食器棚があり、ガラス扉の向こうにはトゥーリの作品がたくさん並んでいるのが見えました。

「見たい……すみずみまでのぞきたい……」。そう思っていたのが、通じたのでしょうか。「食器棚を見せましょうか」とトゥーリ。

棚の中には「まるでトゥーリの人生を反映しているようだ」と本で紹介されていた、幸福感に包まれた男女を描く『アーデン』シリーズの器がありました。初めて目にする、青い鳥のアート作品もありました。トゥーリのもっとも有名な作品で、日本でも人気の高い『ロッテ』シリーズのスプーンを見つけて、

「わあ、スプーンもあったんですね！」と興奮していると、後ろから見ていたシーモンも「うわあ！　これ、すごいなあ！　僕も初めて見た」と驚いていました。2本セットの陶器のスプーンは片側に女の子のロッテ、もう一方にボーイフレンドの顔が描いてあります。

「こんなのがあるなんて知らなかった。『turri』の本には載ってないよ。知ってたら載せたのに！」と取り出して、やや興奮ぎみに写真を撮るシーモン。トゥーリの専門家も知らなかったデザインが、いま目の前で発見されているとは。

ああ、クイックシルバーになりたい。嬉しさと好奇心で爆発しそうになっていたわたしは、そんなことを考えていました。クイックシルバーとは、アメコミに登場するキャラクターで、音速で移動できるのです。あっちへこっちへと、どれだけ移動しても速すぎて目の前にいる人々にはその動きが捉えられない、そんなクイックシルバーになりたい、気になる器を上から横からじっくり眺めまわしたい。ああ、でも目の前のトゥーリと、お話もしたい。

『turri』の本が制作されたのと相まって、トゥーリが暮らす自治体から新たに賞が授与されることになったとも聞きました。そういえば数年前には、ノルウェー国王から栄誉ある聖オーラヴ勲章を授与されたことがニュースになっていて、文字どおりの国民的デザイナーなんだ、ノルウェーの宝だなあとあらためて感激していると、

「でもね、もうちょっと早くに、彼らはわたしを評価してもよかったんじゃないの、って思うのよ」とトゥーリ。ああ、こういう言葉がさらっと出てくるのがまた格好いい。きっとフィッギオで働いていたときにもこうして臆さず、べらぼうマインドでぴしゃりと思ったことを伝えていたんだろうなあ、トゥーリ姐さん。

「フィッギオでは、たくさん人気のシリーズを作ったのに、彼らは結局、わたしの言うことには耳を貸さなかった。だから辞めたの。このままじゃ幸せになれないってね」。

コーヒーを飲んだ後は、フィッギオをやめて陶器の世界を離れてから、トゥーリが魅了されているというテキスタイルのデザインを見せてもらいました。トゥーリらしい、踊り出しそうな花や植物をパッチワークで作った作品や日本に影響されたという作品もありました。食器からテキスタイルへと、表現する場は変わっても、

夢を見ているようなロマンティックな世界観は同じでした。

「いつまでもつづいてほしい、この時間」と思ったおうち訪問も間もなく終わりの時間を迎えることに。帰り支度をはじめていたら、最後にトゥーリが「これ見て」と、洗面器くらいの大きさの巨大なティーカップを見せてくれました。

「わたしの夫はイギリス人で、紅茶が大好きでね。しょっちゅうおかわりをしていたから、彼のために作ったのよ」

ああ、『ロッテ』シリーズの制作中にトゥーリも恋に落ちていたことが本に書かれていましたが、その相手である夫ブライアンさんのためのコーヒーカップ。バリバリ働く彼女を支えて、一緒に子どもを育てたブライアンさん。彼の話をするトゥーリは嬉しそうで、そんな姿にもまた胸ときめかせつつ、この才能をサポートしたブライアンさん、最高にグッジョブです！　と心で叫んでいました。

ノルウェーにひと言、物申す

トゥーリ訪問という一大イベントが終了した翌日には、サンネスから車で15分ほどの、フィッギオの工場も訪問しました。工場内にあるアウトレットショップをのぞくと、部屋の奥に『turi』の本の背表紙と同じ、ライラック色の壁が見えました。のぞいてみると、トゥーリの作品を中心にフィッギオ社の歴代のテーブルウェアがガラスのショーケースに飾ってありました。実物を見たことのなかった希少な作品もありました。ずいぶん前に蚤の市で手に入れて、デザイナーもシリーズ名もわからないままだったフィッギオ製の器も見つけて、数年越しでデザイナーの名前が判明するという思わぬ収穫もありました。

「ああ、でももっと見たい。これでは足りない」

正直なところ、そんな思いもありました。スタヴァンゲルフリント時代からの、インゲルやカーリのデザインも見たい。フィンランドのアラビア工場にあったミュージアムみたいに、もっとうやうやしく展示したらいいのに！　スウェーデンのグスタフスベリ社みたいに、トゥーリ作品の復刻版を出したらいいのに！

det en ston
du sø?
Turi

トゥーリやインゲルのデザインからノルウェーに、北欧に興味を持つ人だっているのに。フィッギオよ、ノルウェーよ、もうちょっとがんばってよ！　トゥーリひとりで、10人分くらいの名作を作っているよ！　スタヴァンゲルフリントとフィッギオの歴代作品を展示したら、ノルウェーのデザインを、ノルウェーのかわいいカルチャーを、世界に見せつける美術館ができるよ！　トゥーリ姐さんの心意気に影響を受けたのか、ひと言、物申したい自分がいました。

でも、『turi』の本ができたことで、トゥーリやあの時代のデザイナーたちがもっと知られ、再評価される機会が増えたのだろうなあ、とも想像しました。きちんと記し、伝えて残すって本当に大切なことだなと、ライラック色の壁を見ながらフィッギオを後にしました。

帰国してから半月ほど経ち、シーモンとフッデレからこんなメールが届きました。

「トゥーリは、日本からあなたたちが来たのが嬉しかったみたい。あの後にメディアの取材が来て、あなたの本をすごく誇らしげに見せてたよ！」

そしてそのまた半月ほど後のことでしょうか、ノルウェー国営放送が運営するウェブサイトニュースで、トゥーリが再評価されていること、日本にもファンが多いことを報じる記事が掲載されていました。写真に写るトゥーリの手元には、わたしの本が！　ひやぁ〜。

本からはじまった縁が思いがけない形でつながって、嬉しいやら感激するやら。

「いけいけ、トゥーリ。もっともっと評価されて！　かわいくてロマンティックなノルウェーを世界に見せつけて〜！」

トゥーリと過ごした貴重な時間を思い出しながら、心の中で叫ぶのでした。

エストニアに来ちゃった

エストニア、リトアニア、ラトビアのバルト三国が、国連の分類で北欧グループに入ると発表されたのは２０１７年のことでした。バルト三国の中でも、フィンランドの対岸に位置するエストニアは、北欧好きにとって身近な場所でもあります。ヘルシンキからエストニアの首都タリンまでは、フェリーで2時間ほど。日帰りも可能な近さなので、フィンランドを旅するついでにエストニアも訪れてしまおう、と計画する人は少なくありません。

昨今はＩＴ先進国家として注目されるエストニア。一方で、編み物や刺繍など、手仕事が受け継がれてきた国として、ハンドクラフト好きにとってたまらない旅先ですし、最近はサウナの国としても知名度を上げています。そして5年に一度、開催される「歌と踊りの祭典」も観光の目玉として知られています。これは、苦難の時代もエストニアの人々とともにあった合唱を中心とした催しで、国内外から10万人近くが参加するという一大歌謡祭です。

わたしがエストニアに興味を惹かれた理由は食文化でした。エストニアが北欧グループに入った記念の年に、大使館の主催でエストニアの食を楽しむ会が催されたのですが、そこで食べた真っ黒いパンが、とてつもなくおいしかったのです！

北欧はどの国でもライ麦をたっぷり使った黒いパンが親しまれています。デンマークではオープンサンドに使われる、シード類が入った甘味のある四角いパン。フィンランドでは酸味を感じる硬めの黒パン。アイスランドでは蒸しパンのようなもっちりとした食感の甘い黒パン……と、国ごとにさまざまなライ麦パンがあります。各地であれこれと試してきましたが、エストニアのパンは私的・黒パンランキングの上位に躍り出るおいしさでした。

そしてエストニアはビールもおいしいのです。クラフトビールもまた北欧各地で味わってきましたが、フィンランドから乗船したフェリー内で偶然、手にしたエストニアのビールが驚くほどにおいしかった！　ああ「エストニアのおいしい話」を追いかけてみたい。いつしかそう思うようになったのです。

いつか行ってみたいエストニア。いつか現地で口にしたいエストニアの食。頭の中でモワモワと、まだ見ぬバルト三国への旅を思い描いていたところへ、なんと観光局からプレスツアーの声掛けがありました。

プレスツアーとは、メディアの人々や、昨今ではインフルエンサーを招いて現地を紹介する、観光PRのための旅行です。「首都タリンに滞在するプランがある」と案内をいただいてワクワクしながら下調べをしていたのですが、なんと出発間際になって「旅程に変更がありました。田園地方も行っていただきます」との連絡が来ました。……わあ、プレスツアーあるある展開です。容赦なく、直前に内容が変わる。聞けば、当初のプランでは3日ほどあったタリンでの滞在時間が半日になるという……。うーむ、目星をつけていたクラフトビールのバーに行けるのか。エストニア初心者のわたしが、いきなりよく知らない場所まで行って、取材になるのか。出発の10日ほど前に届いた新しい行程表を見ながら思案していたところ、「ナショナル・ミュージアム見学」の文字が目に入りました。

エストニアのナショナル・ミュージアムは、第2の都市タルトゥにできたばかりの話題の博物館でした。おお、あのミュージアムに行けるのか……しかも9月なら、見たかった展示に間にあう！　電光石火のごとく、ひらめきました。

わたしが見たかったのは、エストニアを代表するテキスタイルアーティスト、アヌ・ラウドさんの展示でした。鳥や木々、森など素朴なモチーフや町の風景に、土地特有の編み柄や民族衣装を思わせる色彩を織り交ぜたタペストリーを生み出すアヌさんの作品を書籍で見て以来、いつか実物を見てみたいと思っていたのです。

ちょうどその年に75歳を迎えるアヌさんのお祝いと、エストニアの独立100周年に合わせた特別展が企画されていると聞いて、叶うものなら観てみたいと思っていました。

普段はヴィリヤンディという、エストニア初心者にはなかなか行き難い町で展示されているアヌさんの作品群が、ナショナル・ミュージアムにやって来る。ああ、これはきっと呼ばれているのだ、と突然の旅程変更にも運命を感じて、初のエストニア旅行への期待とやる気がみなぎってきたのでした。

エストニアの黒パン、優勝

プレスツアーの参加者はウェブメディアの人、雑誌編集者にカメラマンなど、わたしを含めて総勢7名でした。タリンに到着した日の夕食は、日本語ペラペラのエストニア人ガイド、ヤンネさんとともに市内のおしゃれなレストランへ。季節は9月の終わりで、秋らしいジビエやきのこ料理など、どこかフィンランド料理とも通じる一皿が次々に運ばれてきました。どれもおいしかったのですが、やはり印象に残ったのは黒パンのおいしさでした。手にとるとしっとりやわらかく、口に入れるとほんのり甘い。真っ黒くてモルトの香りのするパン。バターをつけて食べるとますますおいしい。ああ、やっぱりエストニアの黒パン、優勝です！

翌日の朝はタリンを出発する前に、おしゃれなカフェやシェアオフィスが増えているという再開発地域をヤンネさんの案内でさくさくまわりました。

「ムフ島から進出した人気のベーカリーなんですよ」と紹介されたお店には、焼き立ての黒パンの山が。「買っときます！」と勢いよく一斤購入したわたしにつづいて、他の方々も「なになに？　おいしいの？」「あ、昨晩食べたのと似てる」とやって

MUST LEIB

来たので、「こっちの黒パンは日持ちもしますよ。焼き立てもおいしいけど、日を置いてもおいしいですよ。最終日にまた来られるかわからないから買っといたほうがいいですよ」とお店の人よりも饒舌に、黒パン推し活動をしてしまいました。

森にも、いろいろある

今回の旅で取材したかった黒パン欲求を早々に満たしたわたしは、田園地方へと向かうバスに乗り込み、「これからどこに向かうのだろう」とあらためて行程表を取り出していました。これもプレスツアーあるあるなのですが、言われるがまま目的地まで運んでもらうと、自分がどこにいるかわからなくなります。

以前、仕事で会ったライターさんが「この間、プレスツアーでフィンランドに行きました！　最高でした！」と言うので「どこの町に行ったんですか？」と尋ねたら「……えっと……さあ？」と反応が返ってきて驚いたことがありましたが、いやいや自分もそうなりかねないなあと襟を正して次の目的地を確認していたところ、到着したのは森でした。

「これからハーブの専門家である大学教授に、エストニア人とハーブの関わりについてお話しいただきます」とヤンネさん。

エストニア人とハーブ。そういえば、来る途中に立ち寄ったカフェでも、生の葉がどっさりと入ったハーブティを飲んだばかりでした。森の中を進む教授は、野生のハーブを指差しながら「これは肌を清潔に保ちます」とか「この葉には血を止める効果があるので、軍でも使われていたんですよ」など、それぞれの効能や使い方を教えてくれました。北欧の森でとれるものといえばベリーときのこ。ハーブといえばディル一択。そんなイメージが覆されていくエストニアの森でした。

さらに奥へ進んでいくと、リボンや布の切れ端が結ばれた大きな木がありました。それは樹齢200年になる木で、訪れる人々は心身の健康や、さまざまな願いを込めて枝にお供えとして結ぶのだそう。エストニアの森には「ヒース」と呼ばれる聖なる場所があり、古くから教会のように人々の心の拠り所となってきたようです。

「ハーブやベリーなど、森の恵みは自由にとっていいけれど、聖なる森ではとってはいけない決まりがあるんです」と教授。とってはいけない。これもまた知らなかった森のルールでした。

「木には魂があるので挨拶をします。触れれば癒やされ、活力をもらえます。わたしも治らなかった喉の痛みが、ここに来て治ったんです」と、子どものように両手を広げて樹を抱きしめる教授を見ながら、エストニアでは自然界すべてのものに霊魂が宿っているとされる、アニミズムの信仰があることを思い出していました。

セトを目指して

再びバスに乗り込んで向かったのは、今回のツアーのメインとなるセト地方でした。エストニア南東部に位置するセトはロシアと国境を接する地域で、先住少数民族が多く暮らし、独自の言語もあり、伝統文化が色濃く残っています。もともとはエストニアとロシアにまたがるひとつの地域でしたが、戦争や時代の事情により何度も国境線が引き直されてきました。ソ連に合併された時代には自由に行き来できていたのが、1991年にエストニアが独立したことで分断されてしまった、そんな複雑な背景があります。

バスに揺られて1時間ほどしてセト地域に到着し、陽も暮れはじめるなか、向かったのはセト地方に移住してきたという若い家族が暮らす家でした。セトでは自給自足の暮らしができること、また独自の文化に惹かれて、都市部から移住してくる若い世代が増えているとのこと。「すべてこの土地でとれたものです」と、たくさんの料理が並ぶ食卓で目を引いたのは、肉の煮込みに添えられたそばの実でした。サラダにしたり、粥にしたりとセトではよく食べられているそう。そういえばフィンランドではブリヌイと呼ばれる、そば粉を使ったパンケーキを新春に食べる習わしがあります。あれも、もとはロシアから伝わったもの。セトの食文化も、ロシアの影響を大きく受けているようです。

食事が終わる頃、民族衣装をまとった女性が5人、家の中に入ってきました。セトで受け継がれてきた大事な文化、セトレーロ（セトの歌）の歌い手です。赤い刺繍のあるブラウスと深紅のスカートを着て、頭にはビーズやスパンコールがびっしりのヘッドドレスを付けていました。別の人は、白いガウンをまとって頭にも白いスカーフ。未婚か既婚かで、身に着けるものが異なるとのこと。でもみな揃って、メダルがたくさん付いた銀の首飾りを下げていました。

セトレーロは一人が呼び掛けるように歌った後、他の人々が答えるように異なる旋律でフレーズを繰り返す多声歌唱で、ユネスコの無形文化遺産にも指定されています。湖や森、夏至祭など土地や季節の催しについて歌うものや、女性の悲しみを歌い上げる歌詞が多いそうで、祈るようにして歌う哀愁を帯びたメロディは、黒人のブルースや労働歌のようにも聞こえました。

セトの食と歌を堪能した後は、またバスに乗って本日の宿泊場所へ。それにしてもすごい移動距離と盛りだくさんの内容です。朝は最北の首都タリンにいたのに、いまは最南のセトにいる。まだ初日だというのに500キロほど移動していました。

ビールでロウリュ！

長い一日を終えてホテルに到着してからも、濃いアクティビティが待ち受けていました。サウナです。それもスモークサウナ。サウナといえばフィンランドが有名ですが、エストニアでも古くからサウナが暮らしとともにありました。なかでもスモークサウナは特別で、従来のサウナ小屋のように煙突がありません。薪火で部屋煙を充満させ、サウナストーンが十分蓄熱するまで温めた後、小さな窓から煙を逃すという原始的なやり方のため、半日がかりで準備をするのです。薪や電気ストーブで随時温めるサウナに比べて手間も時間もかかるため、いまでは希少な存在となっていますが、エストニアのヴォルと呼ばれる地域ではスモークサウナの文化が維持されています。いつか入ってみたいと思いつつ、フィンランドではなかなか体験できなかったスモークサウナを、エストニアで体験できるとは！

みんなでサウナ小屋へ向かうと、手前の部屋には軽食と冷えたビールが用意してありました。フィンランドでもそうでしたが、手前にリビングのような部屋があって、温まった後にビールを飲んだり軽く食べたりしながら楽しむのです。人数に対して、あまりにも多く用意されているビールを見て苦笑していると、

「サウナストーンにビールをかけてもいいんですよ」とヤンネさん。

ええそんな、なんと贅沢な。酒税の高いフィンランドでは、とてもやれません。フィンランドの人々は物価も酒税も安いエストニアまでお酒を買いに来る、とはよく耳にする話ですが、エストニアのみなさんはビールでロウリュ（熱くなっているサウナストーンに水をかけて蒸気を出すこと）しちゃうのか。ちなみにロウリュはエス

トニア語ではレイルというのだそうです。

サウナといえばロウリュ、そしてヴィヒタ。ヴィヒタとは白樺の枝を束ねたもので、これで体を叩いて血行をよくするのです。「やってみますか？」とガイドさんが声を掛けてくれたので、うつぶせに横たわると、ヴィヒタ、もといエストニア語ではヴィヒトゥで、背中をバシバシと叩いてくれました。……これが、思っていたより強い。ふぁさふぁさ〜くらいの感じで叩くものと思っていましたが、ビシッビシッと叩かれます。ちょっと痛い。でも血行はよくなりそうです。

さてすっかり体が温まったら、次は冷水浴です。水に入るまでがサウナです。外はもう真っ暗でしたが、サウナ小屋の前には細い川が流れていて、そこで水浴びをすると聞いて、暗がりの中をそろりそろりと川べりに降りていきました。浅い川だったので、全身で水に浸りたい場合は寝っ転がるしかありません。川でごろごろとひとり転がっていたら、他のメンバーに「森さん……気合いが入っていますね」とつっこまれました。いやいや、サウナハットをかぶってるあなたに言われたくない。

わたしにとって、サウナのいちばん好きな瞬間がこれなんですもの。

ビールのレイルに強めのヴィヒトゥ、川で冷水浴と、これまでとはちがうエストニア式サウナを満喫して、部屋に戻って気づきました。わたし、めちゃくちゃスモーク臭がする。自分が燻されている。なんでもスモークサウナの室内では、肉を吊るして燻製にすることもあるのだとか。サウナで着ていた水着は念入りに洗ったものの、翌朝、手にとってみたら、やっぱり燻した匂いがしました。でも独特の蓄熱によるスモークサウナは温まり方がちがう。そう聞いていたとおり、体のぽかぽか具合いは夜更けてもずっとつづいて、ぐっすりとよく眠れました。

民族衣装はレイヤーが基本

翌日はセトの伝統工芸や暮らしを残す小さな博物館を訪れ、ここで実際に民族衣装を着てみることになりました。セトレーロの歌い手のみなさんが着ていたような本物の民族衣装です。着てみて、びっくり。ブラウスの上に着ているのはベストだと思っていたらジャンパースカートだったとか、赤いのはスカートではなくてエプロンだったとか、一つひとつ身に着けて初めて仕組みがわかりました。エプロンを着ける前に、セトの伝統柄を刺繍した長いベルトを巻く、とか。これ、表からはまったくわからないのです。着ている人にしかわからない、重ね着の美学。裏地にこだわる不良の学ラン、着物の美学にも通じるものがあります。

ブラウスはリネンの厚い生地で、ジャンパースカートは密度のある厚いウール地なので、重ね着していくと思った以上に重さがあります。そして首からかける銀細工がものすごく重い！　メダルの付いたネックレスにくわえて、既婚女性はお椀のような大きいブローチも着けるので、さらにずっしり。お椀のような形をしているのは、乳がんなど悪いものから女性の胸を守るためと聞いて、先人の知恵や思いが込められた装飾品の尊さに敬服しました。しかし、いかんせん重い。着けるだけで体幹が鍛えられそうな重さです。

着つけをしてくれる女性に言われるがまま身に着けていき、そろそろ完了かしらとほっとしたのもつかの間、今度は頭の支度です。髪を編んでまとめた上に、しめ縄のようなものを巻き付けられ、上からスカーフが巻かれました。その上に赤いベルトを巻いて、さらに装飾が施されたベルトを巻き付ける。頭上にも重ね着の美学、なのです。既婚女性は髪を見せてはならないため、目の上ぎりぎりまでスカーフで覆われるのですが、まぶたにかかるほど覆われてしまい「さすがに下すぎでは……」と自分ですこしばかり引き上げたら、すぐに見つかって下げられました。制服のスカートの長さで、先生と攻防する学生のようです。

無事、着つけが終わって記念撮影を終えると、着つけの先生が唐突に歌いながらその場でくるくるまわりはじめました。「それっ、あなたも、ご一緒に！」みたいな雰囲気で促され（しかし説明はない）、訳もわからず、くるくるまわります。ここまでがセットなのでしょうか（説明がないので、さっぱりわからない）。

館内には昔ながらの台所や暮らしの道具も展示してあり、ゆっくり見たかったのですが、着つけにだいぶ時間がかかったために、元の服に着替えるとそのまま立ち去るように博物館を後にすることとなりました。

「今日はこれからライ麦パン作りとチーズ作り、それから湿原散策です」。やはり、てんこ盛りです。でもその日もっとも印象に残ったのは国境沿いの道でした。

気がつけばロシア

バスで向かったのはエストニア南東部、セト地域の一角にある「サーツェのブーツ」と呼ばれる場所でした。ここはロシアの領土が一部、エストニア側に突き出していて、その形がブーツのように見えることからそう呼ばれているそう。ブーツの筒口あたりを縦断するようにエストニア側の道が走っているのですが、両側の村を結ぶ道がここしかないために、1キロほどロシア領を横断することになるのです。「車両で走り抜ける場合はビザが必要ありませんが、歩いて入るのは禁止されています。自転車やバイクもOKですが、途中で停まったり、地面に足をつけたりしてはいけないんです」とのヤンネさんの解説に、一同どよめきます。足をつけてはいけない……！　バスで移動しているのでなんの心配もないのですが、緊張します。

ブーツに差しかかる手前でバスを停め、一同下車して興味津々で見学します。黄色い看板にロシア語とエストニア語、そして英語で「これよりロシア領。車両を停めたり、歩行での通行は禁ずる」と注意書きがありました。看板のほかには、草原しか見えない道。そこで静かに盛りあがり、シャッターを切るプレスグループ。すぐそこまで歩いていけばロシア領、というのはドキドキします。

フィンランドの北極圏を訪れたときに、スウェーデンとの国境を歩いて越えたことはありますが、わけがちがいます。「やってはだめ、と言われるとやりたくなるもの」と度胸試しをする地元の子どもはいないでしょうか。恐れ知らずのユーチューバーが来たりしないでしょうか。さすがにロシアの国境警備員は敵にまわさないでしょうか。

バスに戻り、「ではロシアを横断しますよ」とのガイドさんからの呼びかけに、走る車両の窓から無言でまたもシャッターを切るプレスグループ。みなさん、これどんなふうに記事にするんでしょうか……などと思っていたら、手元の携帯からブブ……と音がしました。見ると、おそらくネットワーク回線がロシア側に切り替わっているのか、画面右上に知らない文字が。まるで内緒でロシアに潜入しているかの気分です。プーチンに内緒でロシアに。何かのまちがいで、バスが故障して停まったりしませんようにと思わず祈ってしまいました。

その日の朝は、民族衣装体験をする前に、セルガと呼ばれる小さな村に立ち寄っていました。この村もまた国境近くにあります。民族衣装を着た小柄な老女が小屋の前に立っていて、中に招き入れてくれました。そこは小さな礼拝堂なのでした。

もともとセルガ村にはロシア正教の教会がありましたが、エストニア独立後はロシア領となり、いまでは礼拝へ行くためにもビザが必要になってしまったとのこと。

「わたしの両親も、国境の向こうの教会に眠っているんです」。

無神論を掲げたソ連支配下では宗教弾圧が厳しく、ロシア正教の教会もその標的となったこと。かろうじて礼拝堂は守られましたが、ロシアからの強制移住者も多かった村の暮らしは貧しく、信仰を守るのも大変だったと聞きました。

小さな礼拝堂には、ロシア正教の教会で見るような聖人の絵画が飾られ、セトの刺繍がほどこされた布もかけてありました。電気のない礼拝堂には無数のキャンドルが灯され、小さな窓からは朝の光がさし込んでいました。


移動するバスの中では、これから向かう場所の歴史や文化をヤンネさんが簡単に解説してくれるのですが、ブーツ地域を無事に通り抜けた後、

「エストニアの人にとって、やっぱりロシアって怖い国ですか」と直球な質問が参加者から出ました。

「うーん、ロシアの人はいい人なんです。エストニアにもたくさんロシアの人が住んでいますし。本当に温かくて、いい人が多いんですよ。でも国として喧嘩しては

いけない国ですね」

ぶしつけすぎる質問に、丁寧に答えたヤンネさんの言葉は、忘れられません。国と人とはちがうもの。そして国境にこんなにも翻弄される人々がいるということ。日本にいるとなかなかわからないことに気づかされる一日でした。

エストニアの歴史を駆け抜ける

ツアー3日目、いよいよ待ちに待ったナショナル・ミュージアム来訪の日がやって来ました。行程表を見ると2時間ほどの滞在で「ガイドさんの案内が1時間くらいで、途中から自由行動かな」などと考えていたのですが、見通しが甘かった。

エストニア第2の都市タルトゥに2016年に完成した国立博物館は、旧ソ連軍の軍用滑走路の跡地に建てられました。エストニアの人々にとって負の遺産といえる場所にあえて「国家と民族の歴史を伝える」博物館を建てる、その斬新なアイデアを出したのが日本人建築家の田根《たね》剛《つよし》さんです。この案はコンペで選ばれた後も大変な物議を醸したそうですが、10年の月日をかけて完成。オープンから2か月半で10万人を超える来場者を記録したそうです。

滑走路を活かしたという細長い建物だけあって、メインとなる展示会場は126メートルもの細長い部屋になっていました。「エンカウンター」と名付けられたメインの展示室は、入るとすぐにスカイプの開発者が座っていた椅子が展示してあります。スカイプはスウェーデン人とデンマーク人がエストニアの首都タリンで開発したサービスで、IT先進国としての現代のエストニアの顔から展示がはじまるのです。展示に沿って進んでいくと、独立を勝ちとるまでの日々、冷戦時代……と時代が遡っていきます。天井は奥に向かうにつれ低くなり、エストニアの人々が体験した重苦しい時代を暗に感じさせます。

ほかの部屋には民族衣装や生活道具、歌の歴史や言語にまつわる展示もありました。丸一日いてもいいような展示内容を館内のガイドさんが手際よく案内してくれたのですが、いかんせん時間が足りません。残り時間30分を切って、ついに「すみません、アヌ・ラウドの特別展示を観に行ってもいいでしょうか」と切り出し、別行動をすることに。

展示室の確認をするために入り口へ戻ろうと駆け足でエンカウンターを抜けてい

きました。すると天井が高く、明るくなっていく！　逆走すると明るい未来へつづく展示なんだなあ、と気づきました。入り口に戻って時計を見ると残り20分。しかしまずは入り口横のミュージアム・ショップで買い物です。エストニア各地域に伝わる模様を編み込んだ、アヌさん発案の動物の編みぐるみを売っていることを事前に調べていたのです。売り場をさっと見渡し、かろうじて残っていた犬の編みぐるみを2匹発見。瞬速で購入し、受付に向かいました。

アヌ・ラウドの展示を観たいと受付で告げると「奥のギャラリーですよ」と案内されたので場所を確認すると、入り口の反対側、つまりエンカウンターを抜けた先にあることがわかりました。うおー、またあれを駆け抜けなくちゃいけないのかと軽く落胆しましたが、しょんぼりしている時間はありません。また小走りでエンカウンターを駆け抜けていきました。

しかし、たどり着いた奥のギャラリーにはちがう展示が。慌てて近くの係員にあらためて尋ねると「入り口すぐ脇のギャラリーですよ」との返事。うおー、なんということ！　受付の人、適当か！　しかし怒っている時間もありません。またしても小走りでエンカウンターを駆け抜けます。エストニアの過去と未来をいったい、何回往復するのか。そうしてやっと展示にたどり着きました。

『祖国の風景』と名付けられた展示室を入ると、エストニア国旗の色である青や黒、また民族衣装や刺繍に見るような鮮やかな赤や黄色を使った大きなタペストリー作品が目に入ってきました。モノトーンで表現された森の中に、鮮やかなキフヌ島の赤いスカートをはいた女性たちがいたり、真っ青な空をミトンのような翼を広げる鳥が飛んでいたり。その翼には、エストニア伝統の柄であろう編み模様も織り込まれていました。

アヌさんの目から見たエストニアの風景が、自由自在な想像力とともに広がっている、夢のような空間でした。独立１００年に寄せたであろう『塔』と題された細長いタペストリーでは、青と黒のグラデーションで描かれた大地、その上に建つ塔と塔にはためくエストニアの国旗が描かれていました。細長いタペストリーは、エンカウンターの長い展示室とも重なりました。展示室にいられた時間はわずか15分ほどだったでしょうか。それでも鮮やかなタペストリーを目に焼きつけ、満たされた気持ちで美術館を後にしました。

おみやげにはミーシャ

タルトゥを発ち、首都タリンに戻ると最後の夜を迎えました。翌日のお昼にはエストニアを出発するので、タリン市内をまわれるのは午前中のみ。当初の予定からはだいぶちがうエストニア旅行となりましたが、黒パンにはじまり、ハーブにセトレーロにサウナ、民族衣装にロシア侵入、そしてアヌ・ラウドの展示と、自分ではとてもたどり着けない内容に感謝しながら、クラフトビールバー来訪はあきらめることとなりました（時間切れ）。

最終日の朝、目指したのはバルティヤーマと呼ばれる市場です。1階は野菜や魚など生鮮食品や日用品を売っていて、2階にはおみやげ屋さんもあるという時間のない旅行者にはうってつけの場所。とくにあてもなくうろうろと歩きまわっていたら、初日に買ったムフ島の黒パンベーカリーも見つけました。2階に上がると、いかにも観光客向けといったおみやげを売る店や、古着の店、軍服からレコードまで置いている店など、どことなくアメ横のような雰囲気を醸し出していて、いちばん奥におもしろい店を見つけました。ロシアやラトビアのビンテージ食器や、民族衣装を着たリトアニアの木の人形など、見るだけでも楽しい品揃えの中に、ロシアの児童文学からアニメ化されて日本で大人気となった、チェブラーシカのバッジや置き物を見つけました。モスクワオリンピックのキャラクター、こぐまのミーシャのバッジも売っていました。そういえば子どもの頃、親にミーシャグッズをおねだりしたなあ……と遠い記憶を思い出しながら、あらためて見たミーシャが案外と大人ウケもしそうな味わいあるイラストだったことに気づきました。

山のように積まれたミーシャやチェブラーシカのバッジを物色していると、その中にオリンピックの五輪マークと「タリン」と書かれたバッジも見つけました。

「モスクワオリンピックの頃は、まだソ連時代だったんだな」

そのバッジを手にして、苦いような、複雑な感情がわき起こるのを感じました。

「スケジュール変更も、結果としてはよかったな」。そんなことを思いながら、レスリングのユニフォームを着たミーシャのバッジを買って、ホテルへと戻りました。

アアルトの家で、泳ぎたい

いまもときどき思い返しては、ああ、あのときわたしはなぜ、アレを持っていかなかったのか……と悔しく思い出すことがあります。初めてのフィンランド旅行で、アアルトのサマーハウスを訪れたときのこと。

「水着を……水着を持ってくればよかった……！」

まさか、フィンランドの巨匠建築家のサマーハウス見学で、水着が必要になるとは思いもしませんでしたよ！

アアルトが夏を過ごした家、通称コエ・タロ（実験住宅の意味）は、フィンランドの首都ヘルシンキから北へ300キロほど行ったムーラッツァロと呼ばれる島にあります。いまでは電車とバスを乗り継いで行けるムーラッツァロですが、アアルトの時代にはまだ陸路がなく、対岸からボートで向かったそう。実験住宅と呼ばれる所以は、アアルトが家にまつわる実験をした場所だから。ここでは岩盤を利用した基礎作りや、レンガやタイルの組み方など、さまざまな試みがされていたのです。

コエ・タロは、初めてのフィンランド旅行で、ここだけは行きたいと思っていた場所のひとつでした。夏期限定で一般公開され、ガイドツアー付きの見学でのみ、中を見ることができます。見学当日、集合場所となる敷地の入り口へ向かうと、すでに10人ほどが集まっていました。話す言葉を聞いていると、各国から訪れているよう。入り口のすぐ手前には「aalto」と書かれた郵便ポストがありました。

白樺林を抜けて敷地内を進んでいくと、ガイドさんが「あれです」と指さした先に、真っ白な壁の建物が見えました。「あれ、雑誌で見たのと、なんかちがう」と思いながら壁のまわりをぐるりとまわると、高い壁に仕切られた内側に、写真で見たのと同じ赤いレンガ造りの建物がありました。白樺の木と白い壁に囲まれて、突然あらわれる赤レンガのサマーハウス。これがわたしの初アアルト建築でした。

壁には、赤レンガに混じって紺色や白のタイルも貼ってあり、よく見ると赤レンガの組み方も一様ではなく、縦向きに置かれていたり、突き出していたりと、壁全面がレンガのパッチワークのようになっています。ガイドさんの説明によると、他の建築で使った残りを組みあわせているとのことでした。

大きなガラス窓越しに見えたリビングに入ってみると、天井の梁《はり》から吊るされるようにしてロフトが造り付けられていました。ロフトを支える木材の組み方もおもしろく、見入ってしまいます。リビング横のダイニングにはアアルトデザインの照明があしらわれ、コエ・タロをともに設計した2番目の妻、エリッサがデザインしたテーブルクロスが敷かれていました。ダイニング脇には暖炉があり、薪を入れた籠やほうきなど、使い込まれた風情の道具がさりげなく置かれているのも素敵でした。

さらに奥へと進んで寝室を見ると、下宿部屋のようなコンパクトさ。ベッドも小さく、造り付けの机も棚も小さいのです。レンガ造りのユニークな外観や、空間づかい、美しい生活道具など、デザイン的なことにばかり気をとられていましたが、

「ここは、自然と近い、簡素な暮らしを楽しむ場所」なんだなと感じました。

泳いでいるのは誰!?

さて、ひとしきり室内の見学をしてリビングに戻ると、中庭から大きな声が聞こえてきました。子どもと一緒に見学に参加していた家族がなにやらワイワイと話しています。見ると、小学校低学年くらいの女の子がパンツ一枚になっています。湖畔で水遊びをしていたのか、どうやらびしょびしょになってしまった模様。

訪れた日は7月の初旬で、その日は見事な快晴でした。こんなに気持ちいい湖畔に来たら、そりゃあ水に入らずにはいられないよねえ。建築見学なんて小さな子どもには退屈かもねえ、と微笑ましく眺めていました。敷地内の湖畔近くには、アアルト作のサウナ小屋やボート小屋もあり、アアルトはボートのデザインやサウナ小屋の設計までしていたことも聞きました。

ああ、いいなあこんな場所で夏を過ごして、夕暮れにはサウナに入って湖に飛び込んだのでしょう。そんな想像を膨らましていたら、湖のほうからざばーんと音が

しました。……また誰かが飛び込みましたか？

いったい水辺で何が？　と様子を見がてら湖岸に降りていくと、ザバザバと水しぶきのあがる音とともに、楽しそうな声が聞こえてきます。見ると沖のほうで、先ほどまで一緒に見学していたおじさんたちが泳いでいるではないですか。どちらかといえば初老に近い、あのおじさんたちが！　いつの間に！　さらに湖岸に近づいていくと、岩場の上にグループの一人と思われるおじさんがパンツ一枚で立っているのが見えました。……さては下着で泳いでいるな！

なんなのだ、何が起こっているのだ、泳いでいいのか。巨匠アアルトが愛した夏の家。世界中から見学者が訪れる建築好きのスポット。その敷地内で泳いでいいのか、そうなのか。湖岸にたどり着き、泳ぐおじさまたちを見ながら思いました。

「ああ、こんなの、泳ぎたくなるに決まってる。いい桟橋もあるし。ああ〜。私も水着を持ってくればよかった！　コエ・タロで、私も泳ぎたかった！」

湖でキャッキャとはしゃぐおじさま方を尻目に桟橋や湖沿いを散策していると、別の岩場には、犬と一緒に腰掛けて読書を楽しんでいる人もいました。あれ、あんな人、見学グループにいたっけ。いや、犬連れということは、ご近所さんでしょうか。いいなあ、アアルトの夏の家にお散歩。青空の下で湖を見ながらの読書。最高だなあ。

フィンランドやスウェーデン、ノルウェーなど北欧の国々には自然享受権というものがあります。これは「たとえ誰かの所有地でも、とくに断りなく入って自然を楽しむ権利」を保障するもの。そのことは知っていたのですが、こうして目の当たりにすると、本当に素晴らしい。巨匠の家でも、自然の前では関係ないんですね。

アアルトの夏の家、コエ・タロはその後もたびたび雑誌やウェブメディアで目にするのですが、見るたびに脳裏に思い浮かぶのは、水泳を楽しんでいたおじさんたち、そして犬と一緒に読書をしていた青年の姿。ざぱーん、ざぱーんと水しぶきが上がる音とともにあの夏の日の思い出が、よみがえってくるのです。

バスに乗れなかったときのこと

もう10年以上は前のことです。学生時代から繰り返していた膝痛が悪化して、走ることはおろか、歩くのにも苦労していた時期がありました。でも年に一度は北欧を旅するのが楽しみになっていた頃だったので、「なんとかなるだろう」と楽観的に旅の予定を組んでしまいました。一度座るとトイレに行くのも億劫《おっくう》になるくらいの痛みで、こんな足で旅をしていいものかと不安は少なくなかったのですが、東京に比べれば町も混んでいないし、北欧の人は困っている人に親切だよ、きっと。うんうん、そうだそうだ。とかなんとか前向きにとらえて、旅に出たのでした。

ヘルシンキでは案の定、ヨタヨタしながらトラムを降りると、後から降りてきた人に「だいじょうぶ？　足が悪いの？　行き先わかる？　案内する？」と声を掛けられ、ストックホルムへ移動してからも、地下鉄に乗れば席を譲られ、人通りの多い通りでモタついていても人にぶつかることはなく、「ほ〜ら、やっぱり東京より過ごしやすい」と、ことあるごとにほくそ笑んでいました。

ある日、ストックホルムの北側にあるオデンプランという地域へ行きました。ストックホルムの町はざっくり分けると北側に高級な店やレストランが多く、南側に庶民的な地域があります。中古品店や古着店、手頃なカフェ好きのわたしはもっぱら南側をうろつくことが多く、北側は行く機会が少なくなっていたのですが、それでもオデンプランだけは気に入っている場所でした。すぐそばには建物が美しいストックホルムの市立図書館があって、細い道に入ると小さなアンティークショップやカフェ、昔ながらのベーカリーもあるのです。

その日は、地下鉄でオデンプラン駅へ向かい、そこからバスに乗ってカフェを目指す予定でした。地下鉄駅の改札から地上に上がると三角形の小さな広場になっていて、すぐ横を見ると教会があります。バロック様式の建築が美しいグスタフ・ヴァーサ教会で、外はもう暗くなっていましたが、礼拝かイベントがあったのか、灯りがもれて、人が入っていくのも見えました。季節はクリスマスの頃で、通りの向こうに並ぶ建物を見ると、北欧のクリスマスにかかせない星形の照明が一つひとつの窓に灯っていました。

地上に上がってすぐそばにバス停があり、ちょうど乗る予定だった4番の青いバスが走ってきているのが見えました。そのときの旅では、足が痛いんだから、あまり無理をしないようにと気をつけて過ごしていたのですが、その日は「もうすぐカフェが閉まっちゃう」と気が急いてしまい、「間にあうかも」と欲が出てしまいました。よたよたと歩く速度は遅いながらも、足を早めてあとすこし。一緒にいた夫が先に、バスの前のドアにたどり着きました。

「おお、間にあうかも！」

先に乗車した夫が運転手に乗車カードを提示しているのを見ながら、わたしもつづいて乗り込もうとしました。その瞬間、目の前で扉が閉まり、バスは発車してしまいました。

一瞬のできごとに、最初は何が起こったのかわからずにいましたが、「取り残された」「夫とはぐれてしまった」と事態を理解していくうち、軽くパニックになりました。まだその頃は、携帯で電話をかけるとか、SNSでメッセージを送るなんてできなかったのです。どうしよう……。でも夫が引き返すよりも、とりあえず次に来たバスに乗って、次の停留所まで向かえばいいかなあ。4番バスは本数も多いから、次のバスで合流できるはず……と気を取り直して、次のバスに乗ることにしました。

無理をしなきゃよかったな。早く歩けないくせに、無理して乗ろうとするから、あんな目にあっちゃったんだよね。自分で思っているよりもノロいんだって自覚しなくちゃ。バスを待つ間、そしてバスに乗り込んでからも、ぐるぐると考えていました。もしかしてあれって……という思いが湧き上がるのが、止められませんでした。運転手さん、気づかなかったのかな。わたしがもたもたしていたから、乗らないと思ったのかな。でも……。

運転手さんと目が合った気がする。わたしのことを見た気がする。わかっていて、それでも扉を閉めた、そんな気もする。あれって、もしかして意地悪だったのかな。

いやいやいや、運行時間に遅れちゃうから仕方なかったのかもしれない。ほら、こっちの人は1分でも残業しないっていうし。遅れたやつは、だめ。それだけのこと。考えすぎてもしようがないし、と自分に言い聞かせるものの、やはり目の前で扉が閉められた光景がまた頭によみがえってきてしまうのでした。

スウェーデン人、怒る

次のバス停に着くと、思ったとおり夫が待っている姿が見えました。ほっとして、夫が乗り込んでくるのを待ち、涙目で「よかった」とかろうじて言うと、夫もほっとした顔をしているのがわかりました。

「ごめんね、置いてきぼりにしたみたいになっちゃって」

「でも、わたしが遅かったからね……」

ねえ、もしかして、あれって意地悪だったと思う？　そう口に出すべきか、もう忘れたほうがいいのか、またしても考えてしまいました。足を引きずっていたから？　アジア人だったから？　意地悪していい相手だと思ったから？　いやいやいや、単に急いでいただけ。業務をまっとうしただけ。まだぐるぐると考えているわたしに夫が話し出しました。

「あの後さ、バスに乗り込んだ後、すごかったんだよね」

へ？　何が？

「バスに乗ってたほかのお客さんが、みんなすごい怒り出して」

え、そうなの？

「『なんでドアを閉めたんだ』『『二人が一緒なのは見ればわかるだろうに』『彼女、足が悪そうだったぞ』『なんてひどいことをするんだ』って感じで、バスに乗ってた人たちが運転手に怒ったんだよ」

「え、抗議してくれたってこと？　わたしたちの話？　本当に？」

「うん、明らかに抗議してた。それも一人や二人じゃなくて。けっこうみんな怒ってた。それもすごい剣幕だった」

へえええ。驚きました。まさか、そんなことが起こっていたとは。

その昔、初めてストックホルムの町に降り立ったとき、どちらかといえば素朴でこぢんまりとしたヘルシンキの町から、北欧でいちばん大きな町ストックホルムへ着いたときは、「何もかもが、でかい！」「町ゆく人の歩く速さがちがう！」「なんだかこの大都会っぷり、東京みたい」と感じ、フィンランドと比べると都会的だけど、そのぶん道行く人が冷たい気もするなあ、なんて思っていました。道を尋ねようとしても素通りしていく人もいるし、と。

でもそのストックホルムで、まさかそんな体験をするとは思ってもみませんでした。目の前でバスの扉を閉められたときは、やっぱり冷たい町なのだとやけになりそうでしたが、都会っ子ストックホルムのみなさんが、こういうときには声をあげるんだ。あげてくれるんだ。

それにしてもつくづく思うのは、もし同じようなことが起こったら、わたしもストックホルムのみなさんのように怒れる人でありたい。それも素早く怒れるようでありたい。そのためには日頃から反射神経を鍛えておかないといけないなあと思います。後になって「御社の運転手の行為は目に余るものがあります……」と、お問合せメールで訴えるとかではなくて、その場でしっかり、怒る。だってそのおかげで、救われる人がいる。それを実感してしまったんだもの。

そのときのエピソードはいまも時折、夫と話すことがあります。

「すごい剣幕で、怒ってたねー」と夫が話すのを聞きながら、わたしもちょっと見てみたかったなあ、なんて思うのでした。そして、足を引きずりながらでも、あの町を歩いてよかったなと、またしても前向きに考えるのでした。

絶景は夕方から登る

ついに行ってきました。北欧といえば、絶景！　絶景といえば、フィヨルド！　そう、ノルウェーのフィヨルドを見てきたのです。しかも上から。

北欧へ行きはじめた頃のわたしといえば、オーロラやフィヨルドは後まわし。デザインが見たい、建築を訪れたい、蚤の市に行きたい。北欧ならではの自然？　それはまたの機会に……そう言いつづけて十数年が経ってしまいました。それが、ついにフィヨルドへ。それも船に乗って下から眺めるのではなく、フィヨルドを見下ろせる断崖絶壁プレーケストーレンに登ってきたのです！

ノルウェー語で「演説台」を意味するプレーケストーレンは、ノルウェー5大フィヨルドのひとつに数えられるリーセフィヨルドにそびえる崖。山頂が平らで開けた形状になっていることからその名が付きました。フィヨルドの水面から演説台までの高さは604メートル。横からの写真で見ると、ほぼ垂直に切り立ち、断崖絶壁という言葉がぴったりです。トム・クルーズのヒット作『ミッション：インポッシブル・フォールアウト』の撮影地としても有名な、絶景スポットなのです。

プレーケストーレンへ行くには、ノルウェー南西の港町、スタヴァンゲルを拠点にします。もともとはスタヴァンゲル近郊に暮らす憧れの陶器デザイナーを訪ねるのが旅の目的だったのですが、スタヴァンゲルの現地情報を調べていくにつれ、スタヴァンゲルといえばプレーケストーレン、とわかってきました。それで、

「せっかく行くなら、挑戦しておくべき？」

だんだんと、そんな気になってきたのです。ガイドブックを見ると、「登山初心者でも登れる」とある。「難易度は低め」とある。

スタヴァンゲルに暮らす友人のフッデレに「プレーケストーレンも行ってみたいけど、だいじょうぶかな？」とメールで尋ねると、

「あそこは気軽なハイキング気分で行けるからだいじょうぶだよ！」と返ってきました。

「よっしゃフィヨルド、見るぞ！　登っちゃうぞ！」

こうしてスタヴァンゲル滞在のスケジュールに、プレーケストーレン登山が入ったのでした。

しかしいざ情報を集めていくと、「途中、険しい岩道もある」などの注意書きも見つかります。トレッキングコースの断面図を見ると「え、この高さを登るの？」と、ぎょっとするような急勾配の岩場があることがわかりました。


ああそうだ、ノルウェー人の「だいじょうぶ」とか「余裕で歩けるよ」は、まったくあてにならないのだった。彼らとは「平気」のレベルがちがう……。軽い思いつきから一転、出発の数日前になって、服装や備品のことが心配になってきました(気づくのが遅い)。蚤の市やカフェ情報はあっという間に調べ上げるのに、なぜ登山についてはろくに調べないでいたのか、わたしよ。靴はあれでいいのか、リュックは必要か。え、手袋？　登山に手袋って必要なの？

遅まきながら登山者の心得をネットで見てオロオロしていたわたしに、

「岩場を登るときには手をつくから、保護する手袋があったほうがいいよ」

と学生時代に山登りをしていた夫から、的確なアドバイスが飛んできました。そうでした。身近によく知っている人がいた。

「靴は、底がしっかりしたのを持っていったほうがいいね」

これでいいかな〜とスーツケースに入れようとしていたスニーカーを、ちゃんとしたトレッキングシューズにこっそり入れ替えます。

「飲み物や防寒具を入れるリュックは僕が背負うから、小さめのウエストポーチがあればいいんじゃない。僕のこれ、使うといいよ」

持つべきものは自然に慣れ親しんだ夫です。夫のアドバイスにしたがって、近くのワークマンでトレッキング向きのパンツと手袋を手に入れ、準備万端、整いました！

登山前のアンティークハント!?

スタヴァンゲルの町に到着したのは5月終わりの金曜日でした。プレーケストーレンはノルウェー随一の観光スポットなので、初夏の週末はきっと混むだろうと週明けの登山を予定していたのですが、天気予報を見ると雨模様。

曇っていてはフィヨルドが見えない、それでは本末転倒というわけで、急遽、到着翌日の土曜日に登ることにしました。フッデレに「明日登ることにしたよ」とメールをすると、

「それいいアイデア！　土曜日なら近くのアンティーク店もやってるから」とすぐに返事が返ってきました。え、アンティーク店？

前にやりとりしたメールを確認してみると、フッデレおすすめのアンティーク店のひとつが、プレーケストーレンへ向かう道にあることがわかりました。いや、しかし、登山初心者が登る前にアンティーク店に立ち寄っていいものか。アンティーク店に入ると、時間が溶けていきますからね。無心で棚のすみからすみまで商品を掘り出し、我に返って店を出る頃には「うっ……立ちっぱなしで腰が痛い」ってなったりしますからね。

それにその手の店はたいてい開店時間が遅いし、さすがにそんなにのんびりしていてはまずいのでは。準備段階で見通しの甘さを露呈させたわたしは、すっかり用心深くなっていました。しかしそこへフッデレから畳み掛けるようにこんなメッ

セージが届きました。

「プレーケストーレンは、午後から登るのがおすすめよ」

登山といえば午前中から。暗くなる前にはふもとに帰るのが鉄則。それくらいは素人のわたしでもわかっていました。あ、でも、そうか。暗くならないんだった。5月の終わりなら日照時間がぐっと長くなる時期です。そうでした、夜の9時くらいまで余裕で明るいんだった。

「ちょうど先々週に、子どもたちも一緒に登ってきたの。午後2時に出発したら、ちょうど下山する人たちとたくさん行き交ってね。この時期はすごく混むから、時間をずらすのがいいよ！」

なるほど。フッデレの子どもたちはたしか8歳、6歳、3歳くらいの構成です。さすがのノルウェー人でも低学年かつ幼児を含むグループがだいじょうぶというなら、わたしも平気だろうか。うん、きっとだいじょうぶ。ええ、きっと……。

一抹の不安を抱えつつもアドバイスどおりに、スタヴァンゲルの町からプレーケストーレンへと向かう途中、アンティーク店に寄りました。美しい山と海を望む素晴らしい立地で品揃えもよく、「長居しないように」と気に留めながらも小一時間ほど買い物を楽しみ、登山へと向かったのでした。

まずはワッフルで腹ごしらえ

プレーケストーレンの登山口へ到着したのは午後2時すぎ。登る前にふもとの休憩所で水をくんでいたら、ちょうど下山してきた女性に話し掛けられました。聞くと、英国から訪れているそう。

「いまから登るのね？　今日は最高の景色だったよ。楽しんでね！」

やっぱり、この時間には戻ってきている人が多いよねと、ちょっと焦ります。

登山口へ向かう手前には山小屋カフェがありました。「あそこで何か買っていこう」と夫。そうでした。サンドイッチか何か、途中のスーパーで食べるものを買っていこうと言っていたのに、アンティーク店で盛りあがって、すっかり失念していたことに気づきました。「やっぱり山値段で高いのかな」とショーケースをのぞくと、ノルウェー人が大好きなワッフルがありました。ハートが連なったクローバーのように見える、あのワッフル。ロンメと呼ばれるクリームとベリーのジャムをのせていただく、ふわふわのワッフルはノルウェーの国民的おやつです。蚤の市など屋外イベントで売られていることも多く、見つけると手を出さずにはいられません。そしてなにより、サンドイッチやシチューなどその他のメニューよりも断然安かったので、店内で食べていくことになりました。そうこうしていたら時計の針は、間もなく3時。だいじょうぶかな、わたしたち。順調に行って帰ってきても、おそらく6時は過ぎるでしょう。

腹ごしらえとトイレを済ませて、いよいよ登山開始です。最初は駐車場のような砂利道の坂を登っていきます。岩場もありますが、石が舗装されている場所も多く、思っていたよりも歩きやすいのは嬉しい誤算でした。

その日のわたしの服装は、トレッキングパンツに薄手の長袖Tシャツと薄手のフリース。30分も登るとすでに暑くなり、フリースを脱いでひと休みすることに。まわりを見ると半袖に短パンと軽装の人もたくさんいます。でも足もとは本格的な登山靴の人が圧倒的に多く、ちゃんとしたシューズにしてよかったとあらためて思いました。ふと見ると木の枝にトレッキングパンツらしきものが吊るされています。……暑くなって脱いでしまったのでしょうか。汗をかいて干しているのでしょうか。いいアイデアです。

途中、下り道もあれば、湿原の真ん中を通り抜ける橋のような道もありました。「登山って、登るだけじゃないんだ」とあらためて気づいた次第ですが、頂上までのルートはわかりやすく、人の流れもあるので安心して進んでいけました。

それにしても下山してくる人々の多いこと！　登る人の3〜4倍はいます。時刻は4時をまわった頃で、下山のラッシュアワーなのでしょう。耳に聞こえてくる言語もさまざまで、英語にフランス語、スペイン語、おそらく東欧の国かな？　と思われる言葉もよく聞こえてきます。さすが世界に名だたる観光地。国際色豊かです。なかには民族衣装を着て登っている人もいました。マリンルックにデッキシューズで歩いている人もいて、そこのあなた、足もとにはくれぐれも気をつけてね……と思っていたら、向こうから何やら尋常でない様子で向かってくる人々が見えました。どうやらグループの一人が足を怪我している模様。滑って、くじいたのでしょうか。

両脇の人に抱えられ、痛そうな顔で足を引きずっている姿を見て、油断大敵とあらためて気を引き締めました。

山で挨拶はする？　しない？

登りながらふと気になったことがあります。

「山登りではすれちがう人と挨拶をしましょう」

と言うけれど、ここブレーケストーレンでは誰も挨拶をしていません。

「すれちがうときは Hei! と挨拶しましょう」とノルウェーのガイドブックにも書いてあったけれど、あまりにも混雑しているから、そういうムードではなくなるのでしょうか。ここはもはや山ではなく、観光スポットということなのでしょうか。

そうこうしているうちに第一の難関と思われる、急勾配の岩場に直面しました。大きな岩がデコボコと連なっていて、岩に手をついて足場を確保し、ある程度リズムよく登っていかなければなりません。

難関に直面して、つくづくフッデレの言うとおり、遅めの時間にしてよかったと痛感しました。この険しい岩場で背後から「はよ行けー」と圧を感じながら登るのはつらい。幸い、登り組は少ないので、落ち着いて進んでいくことができました。一方の下山組はところどころで人が溜まっています。この急勾配を下るのに、後ろの人に急かされたら、泣きそうです。

「フッデレ、ありがとう」と心で感謝しながら難関をなんとか乗り越えると、大きな岩にプレーケストーレンの名が書かれたプレートが貼ってありました。記念撮影にぴったりです。人の波も落ち着いていたので、すぐ横の岩に腰掛けてしばらく休憩もできました。空いててよかった。そして岩の間に建つポールを見ると、2000メートルとあります。ついに半分まで来ました！

さてもうひと踏ん張りと歩きはじめると、後ろからさっさっと登っていく人に追い越されました。見ると犬を連れています。けっこうなスピードで駆け上っていく犬。それについていく人間。身なりは軽装。もしかして日課ですか？　と思うほどの慣れた足取りです。ふと気づけばなんとなく、背後から犬連れの高速登山グループが増えている気がします。もしかしてご近所さん？　仕事帰りの犬の散歩？

わんこのみなさんに気をとられていたところ、ついに待ち望んでいたことが起きました。対面から来た人とすれちがう瞬間、こう言うのが聞こえたのです。

「コンニチワ」

まさかの日本語での挨拶キタ〜〜！　なんと正しいコンニチワの使い方でしょうか。見るとジャージにノルウェー国旗がついていたので、きっとノルウェー人でしょう。だんだんと疲れもたまってきたところへ、突然のコンニチワ。青天の霹靂《へきれき》でしたが、元気よく「コンニチワー‼」と返しました。プレーケストーレンでコンニチワ。不思議なもので、軽く言葉を交わすだけで気分もリフレッシュします。

だいぶ高所まで来て木々が減り、このあとはひたすら岩場がつづくのかと思っていると、池がいくつもある場所が出てきました。水の中からにょきにょきと植物が顔を出し、小さな花が咲いているのがなんとも愛らしい。こんな景色も見られるんだなあと、思わずウエストポーチからスマホを出して写真を撮ります。最初のうちは「目的は絶景！」と脇目も振らずに黙々と歩いていましたが、くるくると変化していくノルウェーの山の景色には、疲れていても目を奪われてしまいます。「だいぶ登ってきたぞ」。そんな感覚もあってか、まわりを見る余裕も出てきます。登山家だったら、その土地ならではの植物に、細やかに反応できるのでしょうね。

ふもとでルートマップを見たときに、ずいぶん上のほうにあるんだなあと思った避難小屋も見えてきたので、いよいよラストスパートに入ったことがわかりました。ポールを見ると３３００メートルの地点で、あと７００メートル！　さらなる上を目指して踏み出すと、予想どおり、先ほど、わたしたちを背後から追い抜いていった犬連れさんたちが、下山してきました。やっぱりね。あのスピードなら絶対そうなると思った。やはり日課にちがいない。毎日のお散歩コースにちがいない。シェパードのような強そうな犬から、小さなテリアまで、みんなよくがんばっています。この国は人間だけでなく、犬もたくましいのだな。

いざ絶景を前にして

視界が開けてフィヨルドが見えはじめた頃、スリリングな場所に遭遇しました。めずらしいもの先に抜けるための道は一人が通れるくらいの細さで、文字どおりの崖っぷち。めずらしく鎖のガードが設けられていて、木製の手すりもありました。

できるだけ自然のままに保たれているというプレーケストーレン。登ってくる途中、危険そうな場所でもほとんど柵を見かけませんでしたが、さすがのノルウェー人もここには柵を設けるのかと思うと、ますます危険に思えてきます。ゆっくり前を進みながら鎖のガードを見ると、見覚えのあるものがじゃらじゃらとついていました。それは恋人たちが愛の証につけるという、南京錠。コペンハーゲンの橋の欄干にもびっしりとぶら下がっていた、恋人たちの名前が書かれた南京錠。それがここプレーケストーレンの鎖にもびっしり取り付けられているのでした。こんなところでも恋人たちが愛を誓っていたとは。いや、でもこれ安全対策の鎖ですよね？こんなに南京錠をぶら下げたままでいいのかな？　倒れない？　そんな思いが頭をよぎりましたが、深く考えずに進むことにしました。

足もとを見下ろせばクラクラするような断崖絶壁。深く裂けた岩の間をまたぐときの緊張感。前を見ればフィヨルドが見えてきて、いよいよゴール間近の絶景ゾーンに入りました。しかし、どこを見ても絶景なので「もしかして演説台、通りすぎてないよね」とほんのり不安に思っていた矢先、見えてきました。よくぞこんな場所が自然の中で生まれたものだと驚くほかない、フィヨルドに突き出した広い岩の演説台です。

思っていたよりもずっと広い演説台にたどり着くと、ちょうど崖のふちに沿ってお揃いのジャージを着た7～8名の若者が並んで寝転んで写真を撮っていました。いちばんの撮影スポットと思われる場所では、代わるがわる撮影をしている人々がいました。わんこと一緒に写真を撮っている人もいます。

インターネットでプレーケストーレンと検索をすると、崖に腰掛けて写真を撮っている人を見かけます。登る前は「わたしも崖に座ってみたーい」と無邪気に思っていましたが、実際に来てみると「そんなの、絶対に無理」。

到着してしばらくは恐れからか、疲れたのか、腰に力が入らず、崖には近づくこともできませんでした。一方の夫は360度カメラを持って、淡々とふちを歩いて撮影をしていました。その様子を見るだけでも恐ろしく、どうぞご安全にと祈るばかり。実際のところプレーケストーレンではたびたび滑落事故が起きているのです。

長いポールに取り付けたカメラで撮影していたのが目を引いたのか、戻ってきた夫に、そばにいた男性が声を掛けてきました。

「それ、どんなカメラですか？　撮影したものは公開するんですか？」

聞くとチェコから来ているのだそう。登る途中で、東欧らしき言葉がよく聞こえていたのを思い出し、チェコからの旅行客も多いみたいですね？　と話し掛けると、プレーケストーレンはとっても人気があるんですよ！　と教えてくれました。

下山前にすこしゆっくりしようと腰をおろすと、

「あ！　クイックランチを持ってくればよかった！」と夫。クイックランチとは、ノルウェーで親しまれるチョコレート菓子。〝キットカット〟と瓜二つの見た目ですが、包装紙の裏にはノルウェーの登山ルールが書いてあるというシロモノで、登山家必携の菓子なのです。たしかに、ここで食べたら最高だったなあと思いつつ、

「でもクイックランチは親企業がロシアで事業展開をつづけて、いまノルウェーではボイコットされてるからね……」とフッデレからの受け売りを伝えるわたし。

そういえば、とウエストポーチに〝ぷっちょ〟グミを入れていたことを思い出し

ました。ノルウェーへ出発する直前、近所の中学生に「これおいしいよ。海外の人にもウケるよ」と教えてもらった〝ぷっちょ〟グミ。おみやげ用にいくつか持ってきていた残りがあったのでした。口に入れると、すっぱ甘いのが疲れた体にしみること。

〝ぷっちょ〟で元気が出たのか、「せっかく登ってきて、びびっている場合ではない」と突然やる気が出てきました。いちばんの絶景ポイントでまずは記念撮影をして、先ほど若者グループが撮影していた場所に移って、真似して寝そべり、おそるおそる崖の下をのぞきました。いやあ恐ろしい。でも美しい。これがフィヨルドか。

そのうち夫が「それほどふちにいかなくても、崖っぷち感のある写真は撮れるし、ふちに座っても角度によっては、それほど崖っぷち感が出せない」と言い出したので、安全な場所で崖っぷち感のある写真を撮ることになりました。岩の割れ目（でもすぐ下に足場があるので危険ではない）に身を置いて、『ミッション：インポッシブル』の気分で這い上がってきたようなポーズをキメたり、片足を上げて、ぎりぎりでバランスを保っているかのようにして撮ったり。

しかし命綱をつけて万全の配慮のもととはいえ、トム・クルーズはこの崖を降り

たのかと、あらためてそのプロ魂に震えました。さらにトムのすごいところは、ここプレーケストーレンで『ミッション：インポッシブル』の完成試写会もやったというのです。崖の上にスクリーンを設置して、２０００名が参加しての試写会とは、いろんな意味でスケールがちがいます。

さて心ゆくまで絶景を楽しみ、写真を撮り、〝ぷっちょ〟を味わい、時計を見ると間もなく6時。夜6時に崖の上にいるなんて不思議な気分でしたが、まだまだ明るく雲ひとつないフィヨルドの絶景を背後に下山しはじめました。疲れが出て、やはり下りのほうが足にくるので、ゆっくり降りていると、下り道でも早足で駆け下りていく犬連れさんに何度か追い越されました。下を見ると、こんな時間から登ってくる人もちらほら。かなり大きなリュックを背負っているグループもいました。

「あれ、たぶんテントだね。泊まって日の出を見るんだね」と夫。いやあ、プレーケストーレンから見る日の出なんて、さぞや美しいのでしょうねえ！

登るときに見た景色を確認しながら、だいぶ降りてきたかな、まだあともうすこしだなと下っていくと、行きに見かけた、木に干したズボンは回収されていました。ああ、やり遂げた。

ワッフルを食べた小屋の前に無事たどり着いたときは本当にほっとしました。時刻は8時をだいぶまわっていましたが、まだ外は明るく、でもすこし夕暮れを感じさせる空の色になっていました。

スタヴァンゲルの町へ戻る車の中では、疲労感に包まれながらも「また別の季節にも来てみたいね」「いつか日の出を見てみたいねえ」などと、おそれ多い夢を語っていました。達成感からハイになっていたのかもしれません。

「また登れるように、まずは筋トレしよう」。そう夫に言われ、すこし正気に戻って、うなずくのでした。

第5章 北欧らしさってなに？

名前のない国

アイスランドを旅していて、ふと気がつきました。「本」という名の書店がある。「カフェ」という名のカフェがある。「猫カフェ」という名の「猫カフェ」がある。

レイキャビク滞在中に何度も通った、とてもおいしいシナモンロールを出すベーカリーの名前は「ブロイズ＆コー」。ブロイズはパンという意味です。おしゃれな店構えで、流行りのサワードウピザなども揃える人気店なのですが、店名は「パン」。潔い。いや、潔すぎるのでは。

はたまた、アイスランド人が大好きなホットドッグを食べようと、向かった店の名は「バイヤリンス・ベストゥ・ピルスル」。ピルスルとはホットドッグのことですが、もしやと思ったら「町いちばんのホットドッグ」という名前の店だと判明しました。あのぉ、それは店名ではなく、キャッチコピーでは……？　とつっこみたくなりましたが、「ホットドッグ」という店名よりは個性を出してきているといえましょう。

アイスランドを代表するスーパースター、歌手のビョークも暮らしているというレイキャヴィクの西側地域では、素敵なカフェに寄りました。人気のホステルやレストランのインテリアから、映画の美術まで担当する売れっこのインテリアスタイリストが手がけた話題のカフェで、ビョークもときどき現れるとか。カフェメニューだけでなく、夕食もしっかりとれるし、レストランに比べればリーズナブルな価格も魅力。食事もおいしくて内装も素敵で、また来たいなあと思った、そのカフェの名前は「カッフィフース・ヴェストゥルバイヤル」。あら、かっこいい名前と思ったのですが、ヴェストゥルバイヤルとは町の西側という意味。カッフィフースとはコーヒーハウス＝カフェのこと。つまり西地区のカフェというわけです。

うーむ、やはりそのまんまであった。やはりこの国の人は、名前にはこだわらないのだろうか。店作り、味や商品には全力投球しているのに、名前となると拍子抜けするほど適当、に思える。ネーミングという発想がないのだろうか……。そんなことを思いながらレイキャビクの町を歩いていたら「アイスランドのバー」という名前のバーを見つけました。

アイスランドの人口は38万人ほど。小さな国、町だから、わざわざ個別に名前をつけなくても「パンの店」「カフェ」の看板だけでかつては事足りたのかもしれないなあ、なんてことを想像します。

ファーストネームが大切

名前の不思議といえば、アイスランドには苗字がありません。代わりに父称、すなわち父親の名前に由来する呼び名があります。たとえばビョークのフルネームはビョーク・グズムンズドッティルで、グズムンズドッティルとは苗字ではなく、グズムンドの娘を意味する言葉。もし男性なら、グズムンドソン（グズムンドの息子）となります。

苗字がない！　とは驚きですが、スウェーデンのラーションやスヴェンソンといった「ソン」で終わる苗字、デンマークだったらイェンセン、ポールセンといった「セン」で終わる苗字も、そもそもはラースやスヴェンやイェンスやポールの息子という父称だったのが、後に苗字となったもの。ワールドカップやオリンピックなど国対抗のイベントがあると、「クロアチアの選手はモドリッチとかクラマリッチとか、みんな、～ッチですねえ」なんて話題が出ますが、「～ッチ」も◯◯の息子を意味するので、同じく父称から転じた苗字でしょう。アイスランドだけはわざわざ苗字とせずに、父称のままに留めている、それだけのこと。そう捉えることもできます。

だからアイスランドでは親子でも、兄妹や姉弟でも、苗字にあたる呼び名は異なります。夫婦別姓どころか、家族全員別称。結婚をしても、夫の苗字になることはありません（苗字がないし）。アメリカやヨーロッパの一部の国では、先生や目上の人も親しみをこめてファーストネームで呼ぶ習慣があるといわれますが、アイスランドではファーストネームで呼ぶことの大切さをひと際、感じます。現地で目にした新聞では、首相もファーストネームで呼ばれていました。たしかに、首相に向かって「◯◯の娘さん」と呼ぶほうが失礼ですもんね。

かつて、北欧のコーヒー事情について調べていたときに、北欧各国からバリスタの世界大会に出場している男女の比率を調べる……という地味に手間のかかる作業をしたことがありました。名前を見ただけでは男性か女性かわからないことがありますが、アイスランドの場合は息子か娘か、ひと目でわかって便利だなあ、なんて思っていました。でも昨今は、性別を明らかにしない自由もあるし、そこんとこどうなってるんだろう……と気になってまた調べたところ、現在では「-son」や「-dóttir」の代わりに、ジェンダーニュートラルな「-bur」を選べるようになっていました。「〇〇の子ども」を意味する言葉です。

また伝統的には、父の名前に基づく父称がとられてきましたが、母の名前に由来する母称を選ぶこともできるそう。昨今では、父称と母称の併記にする人や、母親が二人いるからと両方の名前を選ぶケースもあるとのこと。いずれにしても、状況に合わせて本人が決めることができるのがいいですね。

２０２５年1月現在のアイスランドの大統領はハトラ・トーマスドッティル、首相はクリストルン・フロスタドッティルです。ええ、国のトップが二人ともドッティル、女性です。アイスランドはジェンダー平等ランキングで15年連続（！）で1位に輝く、世界でもっとも男女平等に近い国。はからずもそれが、大統領と首相の名前から伝わってくるのもおもしろいもの（二人揃って女性になったのはアイスランド史上初のことだそうですが）。ちなみにアイスランドは、世界ではじめて民選による女性元首が生まれた国です。

初の女性大統領となったヴィグディス・フィンボガドッティルは１９８０年から4期、16年にわたって国家元首を務めました。任期が長かったため、当時の子どもたちは「大統領は女性がなるもの」と思っていたとか。

アイスランドを訪れて、この国のエピソードをいろいろ紐解いていくと、名前やジェンダー観など「これが当たり前」と思い込んでいた価値観が、ガラガラ〜っと爽やかに崩れていくような感覚がします。

レイキャビクの町でいちばんのにぎわいを見せるロイガベーグル通りを抜けてそのまま歩いていくと、首相官邸が見えてきます。白い壁に窓が並んでいるだけの飾りけのない建物で、初めて見たときには「これが首相官邸？」と驚きました。周囲に警備員の姿はなく、誰でもふらっと入って、こんにちは〜と扉を開けてしまえそうな状態にもびっくり。いまではすっかり慣れましたが、この町の政治家との距離感を感じられる場所ともいえるでしょう。

首相官邸を通りすぎて、さらに西へ20分ほど歩くと、ミシュランガイドにも掲載されたモダンアイスランド料理のレストランがあります。その名も「マートゥル・オグ・ドリックル」。１９４６年に刊行されたレシピ本のタイトルからその名をとったそうですが、訳すと「料理と飲み物」。やっぱり、そのまんま！　潔すぎる！　ひねりいっさいナシ！　実際に食べてみたところ、料理やドリンクはとっても個性的だったのですけどね。

ハンサムな鉄道

デンマークは、首都コペンハーゲンがあるシェラン島から、ドイツと国境を接するユトランド半島まで海を越えて国土が広がっていますが、鉄道での移動がとにかく便利。首都から半島まで海を渡って行き来したり、隣国スウェーデンやドイツへ向かうときも鉄道でスムーズに行くことができます。

そしてデンマークの鉄道は、車両デザインがすさまじくかっこいいのです。最初に見て驚いたのはインターシティと呼ばれる高速列車です。高速列車というと、新幹線のような先のとがった車両をイメージしますが、インターシティの先頭車両は平面に四角いタイヤを貼り付けたような斬新な顔をしています。タイヤのように見えるのは黒いゴムの幌で、内側には運転席を折り畳んで収納できるという、とんでもなく合理的な作りになっているのです。これは、かつて海を渡る線路がなかった時代に、フェリーに載せて航送させるため、列車を分割、結合しやすいように考えられたデザインと聞いて、機能と見た目を両立させるデンマークデザインの力に唸りました。初めて見たときには「タイヤが走ってる！」と、その斬新な顔に驚きましたが、いまでは中央駅や線路でインターシティの姿を見ると「デンマークに来たなあ」と思うようになりました。

デンマークでは首都圏を走る列車から、国境を越える高速列車まで、DSBと呼ばれる国鉄が所有しています。かつては列車を運ぶためのフェリーも管轄していました。

インターシティをデザインしたのは、工業デザイナーのイェンス・ニールセン。1970年代からDSBのデザインと建築の主任となり、車両や駅舎、CI（コーポレート・アイデンティティ）政策までを手がけています。

コペンハーゲンの町中から郊外へ走る近郊列車エストーも「デンマークらしいなあ」と思うデザインで、郵便ポストのような赤い車両が目印です。車体を赤くしたのもニールセンのアイデアで、ビビッドな赤はDSBのコーポレートカラーにも使

われています。モダンで斬新なデザインは、鉄道の利用者数を大幅に増やしたそうですが、旅行者としても大いにうなずけます。鉄オタでなくとも熱く語りたくなる、それがデンマークの鉄道なのです。

コペンハーゲンから足を延ばして、アンデルセンの故郷であるフュン島を訪れた、その帰り道のことでした。ユトランド半島とシェラン島の間にあるのがフュン島で、この島がアンデルセンの生まれた地。コペンハーゲンからは列車で1時間半ほどです。

フュン島へ向かうときにインターシティに初めて乗り、車内のデザインもじっくり見学しました。座席はもちろん、手すりのデザインや扉にあるサインなど、細部に至るまでが洗練されていました。驚いたのは車内の一区画が仕切られて、子どもが遊ぶスペースが設けられていたこと。北欧を旅していると、大型フェリーや空港内など公共の旅客施設では子ども用のスペースが確保されているのを見ますが、電車で見たのは初めて。インターシティは長距離列車なので、こうした対応がされているのでしょう。

ライ麦パンに板チョコ

フュン島からの帰りの列車は夜7時を過ぎた頃で、車内は空いていました。子ども用スペースの近くの座席が空いていたので、見学がてらそこへ座ることに。女の子がひとり、途中からやって来て自分のおもちゃを出して夢中で遊んでいました。しばらくすると、わたしたちの向かいの席にやってきて、お母さんらしき人といっしょに座りました。お母さんはかばんの中をごそごそと探って、何かを取り出しました。それは黒いライ麦パンでした。もうこんな時間だし、夕食代わりに何か食べるのかなと見ていたら、もうひとつ何かを取り出してパンにのせました。それは薄い板チョコでした。

「ライ麦パンに板チョコ！」

その組みあわせに驚いていると、お母さんも同じものを食べはじめました。


その後、デンマークには「ポーレグ・ショコラーデ」と呼ばれる、パンにのせる用の薄い板チョコが売られていることを知ります。ポーレグとはオープンサンドにのせる具のことで、スーパーマーケットに行くと、ポーレグのコーナーがあってハムやサラミなどが置いてあるのです。デンマークの人が普段食べているオープンサンドって、ハムやチーズにきゅうりをのせただけの簡単なものが多いなあ、とは気づいていたのですが、チョコレートもオープンサンドの具だったとは衝撃でした。

その話をデンマークの友人にしたところ、朝食代わりにしたり、お弁当にする家もあるよ、とのこと。考えてみれば、ヌテラなどパンにつけるチョコレートスプレッドは一般的に普及していますし、パンとチョコレートはおかしな組みあわせでもありません。でも食事パンの代表のようなライ麦パンに板チョコ、しかもパン専用だからチョコレートのサイズがパンとぴったり。そんなところも新鮮に思えたのでした。インターシティを見ると、そのデンマークらしいかっこよさとともに、ライ麦パンとチョコレートの衝撃も思い出します。

子育て中の友人と話していると「お弁当づくりが大変」「うちのお弁当は冷凍食品いっぱいで手抜きだよ」なんて、お弁当の話になることもあります。
「ああ、でもデンマークのお母さんは、パンに板チョコをのせて、お弁当にしてたよ」とあのときの話を思い出しながら伝えると
「えー！　パンに板チョコ？　板チョコでお弁当？　うわーそれでいいんだ」
との反応が返ってきます。うん、それでいいみたいでしたよ。

ポーレグ・ショコラーデが気になったわたしは、その後スーパーマーケットでも探してみました。各社から出ているようですが、デンマークの最大手製菓会社トムズが出しているポーレグ・ショコラーデのパッケージがレトロでかわいかったです。

きみの名は

ああ、いつか北欧へ行きたい、と思っていたときのこと。雑誌で北欧特集を見つけては買っていた、かれこれ20年ほど前のことです。デンマークのインテリア特集で目を引いたのが、おしゃれなソファにどべ～と寝そべっていた猫さまでした。体重8キロはありそうな巨漢の猫さま。飼い主であるデンマーク人アーティストの家は、古い農家を改築し、モダンな家具をところどころセンスよく組みあわせ、すさまじく格好よかったのですが、毛がもっさっもさのフッサフサで、ソファを独り占めしていた猫さまの存在感もすごかった。その名もヤンソン。なんと北欧っぽい名前でしょうか。極寒の地でも暖かく過ごせそうな毛並み！　万国共通の猫さまらしい態度！　きゃわいいにゃあ～。にゃんそん君かあ～!!　などと盛りあがりながら、ふと思ったのです。

日本の猫たちがタマだったりミケだったり、犬がポチだったりと日本らしい名前があるように、北欧のわんにゃんには、やはり北欧らしい名前があるんでしょうか。あるよね。

別の本で見たスウェーデンのアーティストが飼っていた犬の名前はミーロルナ。スウェーデン語で「ありんこ」の意味です。ありんこちゃん、なんとかわいい響きでしょうか。ああ、他にどんなペット名があるんだろうか。人気の名前はなんだろうか。ああ、北欧のペットの名前にまつわる本があったら買いたいぞ。

日本でも人気のあるスウェーデンのデザイナー、エリーサベット・デュンケルさんを取材することになり、彼女が暮らすヨーテボリの町を訪ねたときのこと。猫好きで、2匹の猫と暮らすエリーサベットの愛猫の名前はヒロヒトとルートでした。……ヒロヒトかあ〜。念のため「それって日本のエンペラーから？」と尋ねたところ「そう」と返ってきました。そうか、ヒロヒトかあ〜。日本のその筋の人に見つかったら、猫につけるとは不届き者！　とか言われそうな気もしますが、おもしろい。それが感性というものか。

きみのにゃは？

感性鋭いアーティストといえば、ムーミンの作者トーベ・ヤンソンが飼っていた黒猫の名はプシプシーナといいます。ギリシャ語で子猫を意味する言葉だそうですが、フィンランドでは猫を呼ぶときに「ぷしぷし、ぷすぷす」と呼ぶそうで、その響きにも似ています。ムーミンの物語でも、主要キャラクターのスニフが子猫をなんとか手なづけて仲良くなろうとするシーンがあります。かわいらしい子猫と出会い、自分だけのひみつにしておきたい一方で「僕にはひみつの宝物がある！ 上が『ね』で下が『こ』」と自慢せずにはおれないスニフに対して、つれない態度の子猫。その様子がとても猫らしくて、トーベ・ヤンソンはおそらく、かなりの猫好きなのだろうと推察します。

トーベ・ヤンソンが島の別荘での暮らしを綴った『島暮らしの記録』にはプシプシーナが登場します。芝生も木陰もない岩盤の島での暮らしをプシプシーナがどう思っていたかは謎ですが、時折「ピプスー」の愛称で呼ばれていたと知り、プシプシーナが、どうするとピプスーになったんだろうな、ペットの名前がどんどん変化していく現象はフィンランドでもあるんだな、と思ったものです。

すっかりおもしろくなって、機会があれば「きみのにゃは?」と猫の名前を尋ねるようになったのですが、デンマークの友人、キルステンのご近所猫の名前はサリー。同じくご近所さんで、いつ会っても機嫌がよく、すり寄って来てくれる黄金色の猫はチャーリー君。ここいら一帯はアメリカ系ネーミングが多いようです。

ちなみにデンマークでは猫に話し掛けるときは「みすーみすーみすーみす」と声を掛けるらしく、サリーやチャーリーにぎこちなく「みすーみすーみすー」と話し掛けてみましたが、サリーにはシカトされ、チャーリーは呼び掛けがあろうがなかろうが、スリスリしてゴロゴロしてくれるご機嫌君なのでした。

旅を繰り返すようになり、はて、とあらためて気づきました。ヤンソンって苗字なんですよ。ほら、トーベ・ヤンソンもそうですが、名前がトーベで、ヤンソンは苗字。つまりあのモサモサで巨漢のヤンソン君は、日本で言ってみれば「島田」とか「高橋」とか「吉田」であったのでした。デンマークのアーティストに「おーよしよし、島田こっちおいで〜」と、呼ばれる猫さま。なんてかわいいんでしょうね。

ゲンブルとペタゴー

コペンハーゲン郊外には、第二のわが家といえる場所があります。デンマークの母と慕う友人、キルステンの家です。13年前に彼女と知りあってから、ほぼ年に一度、多いときには二度のペースで滞在させてもらっています。キルステンの家での過ごし方といえば、

- ゆっくり朝ごはんを食べる
- 気候のよい時期は、庭で過ごす（お茶を飲んだり、食事をしたり、ひなたぼっこをする）
- 近所のリサイクルショップめぐりをする
- 暑ければ、泳ぎにいく

だいたい、このような内容です。そうなのです。食事をするように、運動をするように、息するように、リサイクルショップへと通う。それがキルステンとわたし

です。デンマークのわが家から車で10～15分ほどの範囲に、優良リサイクルショップが4～5軒はあるのです。

デンマークのリサイクルショップには「genbrug」（リサイクルの意味）と書いてあります。わたしは長いことかんちがいをして「ゲンズブール」と呼んでいましたが、ゲンブルと発音するようです。赤十字や教会、非営利団体が運営していることが多く、キルステンの家のそばにはがん患者をサポートする自治体組織が運営しているゲンブルもありました。

キルステンとわたしがとくに気に入っているゲンブルは、障害を持つ人々の就労支援をする組織が運営しています。瓦屋根の古い住宅のような建物に入っていて、地下もあります。ここは火曜～金曜だけの営業なので、滞在期間にオープン日が重なれば、二人で顔を見あわせて「行くか！」となるのでした。

店内に置いてあるのは食器や台所用品、オブジェやアート品に、洋服もすこし。別の小部屋には子ども用のおもちゃと本がどっさり。地下は広い倉庫のようになっていて、ソファやテーブルなどの大型家具から照明、額装したポスターや絵なども置いてあります。別の部屋にはレコードや本、また別の部屋にはスーツケースやスキーウェアなど季節ものもたくさん。新生活をはじめるにあたって、ここに来ればひと通り揃えられそうです。キルステンはよく、孫たちのおもちゃを見つけています。たしかに、子育て世代にもたまらない品揃えです。

ここには、わたしと夫とキルステンの3人で何度も来ているのですが、それまでおしゃべりに花を咲かせていたのが、入り口をくぐるやいなや、三々五々に散って無言で掘り出しはじめるのがお決まりです。何しろ3人とも骨の髄までビンテージが好き。掘り出すのが好き。

「いいかい、ひとたび勝負がはじまったら、友人も何もないんだぜ」状態です。

ロイヤルコペンハーゲンの年代ものや作家もの、リサ・ラーソンのオブジェやキャサリンホルムの琺瑯製品など、国を越えて人気のあるビンテージの名品はレジの後ろにある棚に置かれています。これはゲンブルに共通していることですが、いい品はショーケースやレジ横の棚など、お店の人に声を掛けないと見られないように別扱いされています。いい品を探したい人は、まずそこから見るのもいいですし、並んでいる品や価格を見ると、ビンテージデザインにも流行があること、また相場の勉強にもなります。そうした棚に並ぶ品は当然、他の雑多な物よりはお高いのですが、それでもアンティーク専門店よりはリーズナブルに買えることが多いのです。

マークの大スクープ

あるとき、いつものごとく店に入るなり、思い思いの棚を目指して別行動をしていたところ、すこししてキルステンが血相を変えてやってきました。

「大変よ！　マークがとんでもないスクープをつかんだわ！」

マークとは夫のことです。本名のマサタケが呼びにくいので、ニックネームです。何事かと夫のいる場所へ行くと、その手にはロータス柄の皿が。

「わ！　すごいの見つけたね」。思わず声が出ました。ディナー皿より、ひとまわり小さめの皿とスープ皿が3枚ずつ。皿のふちには黄緑色のハスの葉柄がぐるりと描かれています。デンマークのリュンビューポーセリン社が60年代に作っていたものので、ノルウェーの琺瑯メーカーが出していた人気の柄を取り入れたコラボレーション品なのです。コレクターの間でも人気が高く、蚤の市で見つけても1枚200〜300クローネはするのですがなんと、値札を見ると10クローネ！

「マーク、これ、どこにあったの！」。若干、詰問トーンのキルステン。

「あの大皿がたくさん重なってるとこの、いちばん下のほう」。淡々と答える夫。

「あそこね！　下までは見なかった……」。残念そうにつぶやくキルステン。

「大皿は重いから、下まで見るのが面倒なんだよね」。わたし。

「よくやったわ。やられた」。ちょっぴり悔しそうでもあるキルステン。

こうして、めでたくわが家へとやってきたロータス柄の皿は、「マークのスクープ皿」と呼ばれるようになりました。10クローネって、値付けをまちがえたのかな。キルステンが「大スクープ！」って叫んでたね。たしかに「出し抜いた」感があったもんねえ……と、お皿を使うたびにその光景を思い出しては笑っています。

またあるときには、お皿や雑貨、テキスタイルなどこまごましたものを大量に買ったため、レジ打ちでだいぶ時間がかかってしまったことがありました。値札が付いてないものがあったり、数が多かったこともあって「あれ、どこまで打ったたっけ？」と担当者が混乱してしまったのでした。すると裏手から女性が出てきて、値札の確認をしにいってくれました。彼女が戻ってくるのを待っているとき、

「彼女はペダゴーよ」とキルステンが教えてくれました。

ペダゴーとはデンマークにおける対人支援の専門家で、主に保育園や小学校、学童保育や障害者施設で働く人とされています。ここではレジ打ちや商品を並べるスタッフとして知的障害を持つ人々が働いているので、彼らのサポートをしています。

ペダゴーは日本の教育関係者の間でも注目されていて、興味を持っていたわたしはたびたび「ペダゴーってどんな仕事をするの？」「あの人はペダゴーなの？」と質問していたのでした。ゲンブルで会った女性は、初めて会えたペタゴーでした。

「ごめんなさいね、時間がかかってしまって」と戻ってきた彼女が謝るので、

「ぜんぜん問題ないです。こっちこそ、こまごまと大量に買うから仕事を大変にしちゃいましたね、すみません」と返すと「どこから来てるんですか？」と尋ねられました。

「彼女たちは日本から来てるの。うちに泊まってて、よくここにも一緒に来てるのよ。ほんとクレイジーなジャパニーズでしょ。こんなに買うんだから」と代わりに

答えるキルステン。へえ、日本から！　うちの店に来てくれるなんて嬉しいわ、写真を撮ってもいい？　これインスタグラムに載せてもいいかしらと歓迎してくれて、さらには会計のおまけもしてくれました。彼女ももしかしたら、ゲンブル好きの日本人との出会いを喜んでくれたでしょうか。

「わたしは、ここが本当に好きなのよ。いい場所でしょう」と帰り際、キルステンはよく言います。ええ、わたしも。掘り出し物を探すのはもちろん楽しいし、ここで買うのがいいんだよね。

デンマークにはリサイクル文化が根付いていて、買うだけでなく不用品を持ち込むこともできます。町や住宅街には寄付用のポストや持ち込める場所があり、物が循環するサイクルができています。これなら暮らしに合わせて部屋の模様替えもしやすいなあといつも羨ましく思っているのですが、ゲンブルめぐりをするようになって、これが障害を持つ人々の就労機会につながったり、がん患者のサポートになるのなら、ますます通っちゃうよなあ、と思うようになりました。

2024年に滞在したときは、闘病中のパートナーの介護で疲れ気味だったキルステン。

「今回は、あなたたちで勝手にやってちょうだいね。わたしは家でやることも多いし、できれば庭でゆっくり過ごすわ」と言われていたのですが、ある日、

「今日は、何するの」と聞かれて、

「ゲンブルめぐり」と答えると

「じゃ、あの店だけは行くわ。マークのスクープの店」と返ってきました。

「お値段なんと10クローネ！」「あれは大スクープだったわよ」と、いつもと同じ会話を繰り返しながら、いそいそとみんなでゲンブルを目指すのでした。

フィンランド人は10着しかマリメッコを持たない

「フィンランドに行ったらマリメッコで買い物をする！」

そう勇んで彼の地を訪れる方は少なくないでしょう。憧れのあの柄をメートル単位で買っちゃおう。お得な端切れの詰め合わせを買おう。アウトレットコーナーで手頃な出合いがあるかなあ……などなど、本場での買い物には夢が膨らみます。しかーし、マリメッコは現地で買っても高い。高いのです。あれもこれも買うはずが、踏みとどまらざるを得ないのです。

でもマリメッコの本場で楽しめるのは、ショッピングだけではありません。フィンランドっ子たちの着こなしを見る。それが眼福なのです。

初めてのフィンランド旅行で、カフェでお茶を飲んでいたときのこと。陽が降り注ぐ窓辺の席に座り、ガラス越しに道を行く人々を何気なく見ていたのです。トラムも走る大通り沿いにはインテリアショップやレストランが多く、道行く人もたくさん。季節は7月の上旬で、町はすっかり夏休みモード。Tシャツに短パン、サンドレスと軽やかな着こなしの人々も多いなか、目を引いたのは輪切りのオレンジ柄のワンピースを着た女性でした。「アッペルシーニ（フィンランド語でオレンジ）」の名で知られる柄を使った、ど派手なワンピースを高齢の女性が颯爽と着こなしているのを見て「ああ、ここはマリメッコの国だ」と感激しました。白髪に真っ赤な口紅が映えるパリのマダムや、ビシッとスーツを着こなしたミラノのマダムを見ては憧れたものですが、フィンランドのマリメッコマダムも格好いいなあ……と惚れ惚れしました。

朝市へ行けば、いちごを売る屋台の店員がみんなで揃って、いちごと同じく真っ赤なウニッコ（マリメッコを代表するケシの花柄）のエプロンをしていたり、美術館ですれちがったおじいちゃんが、しましま柄のヨカポイカシャツを着ていたり。日常着としてのこなれ具合がちがいます。

マリメッコ好きが訪れるヘルシンキのスポットといえば、中央駅から地下鉄に乗って6駅のヘルットニエミの町にある本社でしょう。工場併設のファクトリーアウトレットでお値打ち品を探すのも魅力的ですが、ここには外部の人でも利用できる社食があるのです。

食堂内のソファの柄も、テーブルクロスも食器もトレーもマリメッコ。厨房で働く人や食器を片付けるスタッフもマリメッコのウェアにエプロンです。そしてお昼どきには社員とおぼしき人々が続々と現れ、彼らの着こなしがまた格好いい。新作から柄オン柄の着こなしまで自由自在の、マリメッコの精鋭が闊歩するパラダイスなのです。

アカデミアからパンクまで

ヘルシンキのおしゃれな人々のスナップを掲載している『HEL-LOOKS』というウェブサイトが好きでたまにのぞいているのですが、パンクにゴスロリ、ヒッピー風と攻めた着こなしが多いなかで、マリメッコもさらっと登場します。ウニッコ柄を着こなす男子、パンク・ファッションでマリメッコのバッグを持つ人もいる。これだけの国民的ブランドで老若男女がまとっているとなれば、流行の先端を行くファッションピープルからはむしろ敬遠されそうなものですが、とんがったファッションと一緒に普通に出てくる。この国におけるマリメッコの浸透力、マリメッコの底力を感じます。マリメッコはもはやフィンランド人のＤＮＡに組み込まれている。

レセプションなどのきちんとしたパーティでもマリメッコ率は高く、取材で会った美術館の学芸員も、来日していた現役の大臣も着ていました。王道のウニッコ柄から最新デザインまで、まるでマリメッコのファッションショーだわ、と感嘆のため息が出ることも。アカデミアからパンク系まで魅了するマリメッコ、恐るべし。マリメッコは正装。こんなブランド、世界にほかにあるでしょうか。

フィンランドへ向かう機内で何気なく観ていたフィンランド映画にもマリメッコを着た人が登場していました。『NIMBY』という映画で、主人公はフィンランドの田舎町で育った女性と、移民2世の女性のカップルです。「そろそろおたがいの家族を紹介しようよ……」と話が進むうちに、家族の隠しごとや、移民に偏見を持つ

親族が出てきてひと騒動起こるという、コメディ調ながらいまのフィンランドが抱える問題を掘り下げた作品でした。途中、田舎町に暮らす人々が「移民反対！」とデモを起こすシーンで、イロイネンタッキのワンピースを着た人が出てきたのです。フィンランド語で「しあわせのコート」と名付けられた、マリメッコのロングセラー。それを着て、火炎瓶を片手に「移民は出ていけ！」と叫んでいる。

その強烈さに度肝を抜かれましたが、はたしてあれは意図的な演出だったのか、それともマリメッコはそれだけ浸透している、ということなのか。

かつて、体をしめつけるファッションから女性たちを解放したマリメッコ。男女平等への願いをこめたボーダー柄や、ジェンダーレスなシルエットのシャツで、新しい時代を開拓していったマリメッコ。ロシアやスウェーデンといった隣国に支配され、第二次世界大戦ではドイツとロシアに翻弄され、苦難の道を歩んできた国を明るく照らしたマリメッコ。この国のイメージを鮮烈に変えてみせたマリメッコ。

「地元っ子が着こなすマリメッコ」愛好家としては、今後もさまざまな着こなしを観察していきたいものです。

北欧ワンコ考

ノルウェーの首都オスロで、友人宅に泊めてもらっていたときのこと。メゾネットのアパートにはゲストルームがあり、アパートの中庭に面したその部屋で、ゆうゆうとした滞在を楽しませてもらいました。

到着した日の翌朝のことです。目が覚めて窓に目をやると、向かいの棟の窓が見えました。そこで目が合った相手。それは柴犬でした。ちょうど向かいの部屋に、柴犬が暮らしているようなのです。

「し、柴犬！」

そのとき、自分でも驚くような感傷的な気持ちが胸に込み上げてきました。海外で出会う柴犬が、こんなにも胸を震わせるとは。

そうして1週間弱の滞在期間中、わたしは毎朝、目が覚めると窓の外をのぞきました。柴君の姿が見えると「おはよ〜」「元気にしてる〜？」と心で呼び掛けていました。このアパートに暮らす誰よりもきっと、自分はあの柴犬と心を通わせている。そんなふうに勝手に思っていました。

「きみが日本の土地を踏むことはあるんだろうか」と勝手に切ない気持ちになり、帰国日には「達者で……達者で暮らすんだよ！」とエールを送っていました。

その後、訪れたスウェーデンの友人に「窓辺に柴犬がいたんだよね〜」と報告したところ、日本犬は人気で、以前より見かけるようになったと聞きました。その言葉を裏付けするかのように、スウェーデンでも郷愁を誘うワンコとの出会いがありました。買い物帰りに道の向こうを見ると、ものすごく大きな犬がいる。

「わ、わさお〜‼」

映画にもなった、あのわさおにそっくりな、大きな秋田犬が歩いていたのでした。「東北出身なら、北欧の気候も合うだろうか」「たくましく生きるのだよ」と、またしても心の中でエールを送ってしまうわたし。

犬は人間のように自身の目の色や毛質や体格を自覚することはないだろうけれど、体格の差や、本来の性質のちがいから「ワシ、異国にいる」と感じることはあるのだろうか。いまでこそこの地で生まれ育った柴犬や秋田犬もいるのでしょうが、初めに海を渡ってやって来た柴犬は、やはり心細かったのでしょうか。

北欧の犬って、どんなの？

では北欧原産の犬とはどんなものか。柴犬との出会いが、探究心を刺激しました。犬は、人間の暮らしの必要に合わせてさまざまな品種が生み出されている。ということは北欧の犬を知れば、北欧の暮らしがわかるのでは……などとたいそうなことも考えてみました。たとえばアイスランド・シープドッグというわかりやすい名前の犬がいます。アイスランドは羊の国。となれば、牧羊犬もいるでしょう。調べてみると、アイスランド・シープドッグは9～10世紀にかけてバイキングの祖先により持ち込まれ、いまもその血統が守られているとのこと。

わかりやすい名前といえばノルウェージャン・エルクハウンドという犬種もいます。エルクとはヘラジカのこと。その名のとおり、もともとヘラジカを狩るために飼われた犬種です。スウェディッシュ・エルクハウンドなる犬種もいて、別名イエムトフンドと呼ばれています。その名はスウェーデン北西部にあるイェムトランドに由来し、イエムトランドは隣国ノルウェーと接する地域。スカンジナビア山脈もあり森林が多く、ヘラジカがたくさんいそうな地域です。なるほど、犬から学ぶ北欧の地理。

さらに調べていくとノルウェージャン・パフィン・ドッグという、名前を見ただけで悲鳴が出そうな犬種も見つかりました。まさか……あの愛らしいパフィンを？パフィンといえばアイスランドのアイドル鳥。おみやげ屋さんにはパフィングッズがずらりと並び、春〜夏にかけての繁殖期に海からコロニーに戻るパフィンを見るツアーも人気という、あのパフィンを……？　断崖絶壁で卵を産み育てるあのパフィンを……？

ノルウェージャン・パフィン・ドッグはかなり特殊な犬らしく、前足の指が６本あるという。耳は折りたたんで水が入らないようにできるという。足や首の関節が恐ろしく柔軟なのだという。そんな特徴を持つ犬は世界広しといえど、ほかにはいないのだという。崖に暮らし水中で魚を捕る海鳥、パフィンをしとめるために生まれてきた選ばれし犬よ……。しかしパフィンといえばアイスランドと思い込んでいましたが、ノルウェー北海の諸島にも生息し、北の資源が乏しい地域では古くから貴重な食料となっていたんですね。うーむ、犬から学ぶ北欧の歴史。

北欧で見つけた絵本に出てくる犬はどんなだったかしら、とページをめくってみると、スウェーデンのマッチ箱の絵を描いた有名なイラストレーター、エイナル・ネーマンの絵本にはテリアのような犬がたびたび出てきます。

ムーミンの作者トーベ・ヤンソンが、長くイラストを描いていたフィランドの社会風刺雑誌『ガルム』には、北欧神話に登場する冥界の番犬ガルムが描かれています。トーベ・ヤンソンが描くガルムはブルドッグのような見た目です。

アンデルセンのお話『火打ち箱』には、巨大な目を持つブルドッグが登場します。このお話には他にもビーグルのような垂れ耳の犬、ヨークシャテリアのような毛足の長い犬と3匹の犬が登場し、どの犬も目玉が飛び出しそうに大きくて怖いのです。猫も登場するのですが、猫は愛らしく描かれていて、犬だけがやたらに怖い。アンデルセンは、犬に怖い目にあったのでしょうか（絶対にそうだと思う）。

蚤の市で偶然手にして、心奪われてしまった犬の絵本には、齢《よわい》13歳になるおじいわんが登場します。両親と子どもたち、そしておじいわん以外に2匹の犬と1匹の猫が暮らす家族のお話で、穏やかな日々を過ごすおじいわんが、だんだんと階段を登るのも助けが必要になり、粗相をしてしまうようになり、眠る時間が増えて、ついに寿命を終えて死に、庭に埋葬されて、そしてまた家族の暮らしはつづいていく……そんなストーリーです。目の上や口まわりがもしゃっとしたおじいわんはテリアかなと思ったのですが、それにしては足が短い。どうやらスウェーデンではテリアなどとの交配で生まれた、硬い毛質のダックスフンドが猟犬として飼われてきたらしく、そんな背景を知るとダックスフンドにも思えてきます。

では調査はこれくらいにして、実際に北欧の町で見かけた犬を思い出してみましょう。記憶にあるのは、やはり毛がもしゃもしゃっとしたテリアのような犬たち。毛足の長いコリーっぽい犬。毛がみっちりして筋肉質のシベリアンハスキーのような犬。限りなくオオカミに近い（ように見える）犬。いろいろミックスされて日本ではあまり見ない雑種犬。写真を見返してみると、これはもしやイエムトフンドでは、と思われるワンコの姿もありました。いつの日か、特殊能力を備えたパフィンドッ

グの実物を見てみたいものです。

添乗員モカとお散歩

北欧の旅の途中で、何度も一緒に時間を過ごした犬は、スウェーデンの町マルメに暮らす友人ミホさんの愛犬モカ。白地に茶と黒の毛がまじって、垂れ耳なところがビーグルみたいと思っていたのですが、デニッシュ・スウェディッシュ・ファームドッグと呼ばれる、思いっきり北欧原産の犬なのでした。その名のとおり、デンマークとスウェーデン南部の農家でねずみを捕る犬として飼われていた犬種だそうです。デニッシュを先にするか、スウェディッシュを先にするかで揉めるそうで、スウェーデンに暮らすモカの場合はやはり、スウェディッシュ・デニッシュ・ファームドッグと呼ぶべきなのでしょう。しかしスウェーデン南部といえば、かつてデンマーク領だった時代もあります。調べてみると、もとはデニッシュ・ピンシャーという名前で呼ばれていたとか。

モカとはマルメの町をよく一緒に歩きました。ミホさんとわたし、ときに各々の夫も一緒に歩いて、モカはしょっちゅう私たちのほうを振り返っては「人間たち、ちゃんとついて来てるか？　寄り道してないか？」と人数確認をしてくれるので、みんなで添乗員さんと呼んでいました。とくにわたしは「夕焼けがきれーい」「あの建物おもしろーい」と、しょっちゅう立ち止まっては写真を撮ってしまうため、モカに何度も「そこの人間〜早く来なさ〜い」と促されました。

添乗員モカと歩くと、この町の店がとてもドッグフレンドリーだということがよくわかります。カフェでもブティックでも店先に犬用の水が置いてあることが多く、食事どころも同伴で入れる店の選択肢が多いのです。おしゃれなワインバー、町いちばんのシナモンロールを出す店、ヴィーガン料理の店、イートインもできるチーズ専門店……と、マルメのグルメ店をモカと一緒に訪れたものです。店内は犬連れがダメでも、外の席はどうぞ、といった店もあります。

人気のヴィーガンワインバーを訪れたときのことです。初夏の週末の夕暮れどき、外の席は満席。こんもりと葉が茂る木々の下に設けられた屋外席は雰囲気がよく、小さなベンチに「そんなに座ったら壊れるのでは」と心配になるほど、人々がぎゅうぎゅうに座っていました。

「この気候で、週末だったら大人気なのも仕方ない。さて入れるかしら?」とミホさんとおそるおそる店内をのぞくと誰もいません。笑っちゃうほど、誰もいない。外はあんなに混みあっているのに店内はガラガラ。北欧あるあるです。

店内は犬連れもOKで、ミホさんと夫のフレッドさん、わたしと夫、そして添乗員モカの合計5名でゆったりと、気持ちのいい夜を過ごすことができました。

愛しのグニラ・モカ

フレッドさんはときどき、モカのことをグニラ・モカと呼んでいました。グニラとはスウェーデン語でおばあちゃんのこと。出会った頃にはすでに10歳くらいで、犬としてはおばあちゃんの年齢でしたが、とにかく元気。お散歩大好き、食べ物が落ちていればさっと飛び出し(ご家族にすぐ止められていましたが)、モカ愛用のソファを広げてベッドにすると、すっ飛んできて添い寝サービスをしてくれました。モカとはよくコーヒーショップにも行ったので、わたしは勝手にモカチーノなんて呼んでいたのですけれど。

数年前に天に召されてしまった添乗員モカ。15歳の誕生日を迎えたすぐあとのことでした。毎年、初夏のマルメを一緒に歩いていたモカ。コロナ禍が終わったら、必ずやマルメに寄って、モカと歩くのを楽しみにしていたのに。ほんのすこしだけ、間にあいませんでした。

コロナ禍のあとにひさしぶりのマルメの町を歩きながら、モカの姿を頭に思い浮かべていました。いいえ、思い浮かべるというよりは、この町を歩くとモカが添乗してくれるのが当たり前なのでした。ごはんを食べた後、コーヒーを飲んだ後、友人の家に戻るまでのいつもの道を歩きながら、しょっちゅうこちらを振り返っていたモカ。マルメの町には、モカがいる。

添乗員さーん、ひさしぶりのお散歩、ちゃんと誘導してくれないとさびしいよー。人間はすぐ寄り道したり、立ち止まって写真を撮っちゃうよー。添乗員さんがいないと迷子になっちゃうよー。

心の中でモカに呼びかけながら、モカと歩いた日と同じように夕焼けがきれいだったマルメの町を歩いて帰ったのでした。

文化交流は、パーティの後で

北欧滞在の最後は、ホームパーティでしめくくることが多いのです。コペンハーゲンに暮らす友人キルステン、もしくはキルステンの娘ソフィーの家で集って、翌日に帰国。そんなスケジュールを、もう何年も繰り返しています。

パーティにはいつもソフィーの家族や、弟ヨナスのファミリーも集合するので総勢15名ほどの大所帯です。レバーパテをのせたオープンサンドや白身魚のフライなど、ここで知ったデンマークの家庭料理もあり、おなかがいっぱいになってからの時間は、彼らの日常をのぞく機会にもなっています。

天気がよければ庭に出てゲームをしたり、毛布を敷いて昼寝をしたり。あるときはバドミントンの国際試合があり、決勝戦で日本とデンマークが対決するとあって、みんなでテレビの前へ。デンマークはバドミントンの強豪国なんですよね。

試合がはじまって最初はいい勝負か⁉　と思えましたが、日本の桃田選手が絶好調の頃で、あっという間に点差が開いていきました。

「場内の国旗が、赤と白だらけだね」と、最初はわあわあとみんなで盛りあがって見ていたのですが、桃田選手が得点を決めるたび、みんなのテンションが急降下していくのがわかりました。子どもたちは「つまらなーい」と部屋を出ていき、そのうち大人たちも離れてしまいました。スポーツ好きで、自身もバドミントンをしているソフィーの兄ヤコブだけが「桃田はほんといい選手だね」と一緒に観ていたのですが、しばらくして「これは勝負ありだね。勝ち目なし」と言い残して去ってしまいました。デンマークでひとり、バドミントンの試合を観ているのもなあ、と結局わたしも後を追いかけました。

ビーチまでのおしゃべり

ソフィーの家でパーティをした後は、泳ぎに行くのが定番です。ソフィーの家があるアマー地区には人工のビーチがあるのです。最近は「泳ぎに行く人〜！」と呼び掛けても、「はーい！」と元気に返事をするのは大人ばかり。ティーンエイジャーになった子どもたちは「え〜めんどくさい」とクールな反応です。歩いて行くと30分近くはかかるので、最初はわたしも及び腰でしたが、いまではこの行き帰りのおしゃべりもひそかな楽しみです。

「アマーはむかし、シットアイランドって呼ばれてたんだよね」と説明してくれたのは、ソフィーの夫グンナルです。精神疾患患者のケアをする人々（日本でいうところの精神保健福祉士）を指導する仕事をしていて、職業柄か人柄なのか、聞き上手。パーティの最中にデンマーク語が行き交って、わたしがついていけなくなると「いま話してるのはね……」といつも助け舟を出してくれるのもグンナルです。

「シットって、あの……」

「コペンハーゲン中の糞尿が集められてたの。この辺りは埋立地だから」

「へえー！」

いまではすっかり雰囲気のいい住宅街のように見えますが、シットアイランドとは直球すぎる表現に驚くばかり。

「だから家の値段も昔は安かったんだけどね」

「いまは人気の住宅街でしょう。かわいいカフェもできてたね」

「うん、たまに売りに出されている家の価格を見るとびっくりする」

しゃべっていたグンナルが突然、道の向こうに渡っていきました。垣根の上にせり出した木の枝に向かってジャンプして、よその家のりんごをもぎとっています。

「道に出てるぶんは、食べてもいいんだよ」

そんなルールがあるとは知りませんでした。もぎとったりんごをモシャモシャとほおばっています。身長が180センチ以上はあるので、もぎ放題です。

「おいしい?」と尋ねると、うん、まあ、ふつう、とグンナル。

見ると、一緒に歩いていたソフィーも、ある家の玄関で立ち止まっています。玄関先には木箱が置いてあって、なかにはりんごがいくつか入っていました。

「ご自由にって。ちょっと食べてみよう」とひとつ取り出してかじるソフィー。ひと口食べると「んー、あんまりおいしくなかった」と食べかけの残りを隣の空き地に向かってぽーんと投げてしまいました。

ビーチに到着すると、いつも元気なのはソフィーとヤコブです。ヤコブはスポーツ万能で、自転車と水泳が大好き。ソフィーは地域のクラブに所属して、寒中水泳も楽しむほどの水泳好き。一方のグンナルはいつも一緒に海まで来るけれど、一度も泳いでいるのを見たことはありません。

海の向こうにはデンマークの自然エネルギーのシンボルともいえる風力発電の風車が並び、手前にはゴミの焼却施設をスキー場にしたという名物、コペンヒルも見えました。コペンヒルは、2019年にオープンしたばかりの話題の施設で、ゴミ焼却により電力や熱を地域に供給するエネルギープラント。山のような建物の上は人工スキー場になっていて、壁面はクライミングもできるのです。デンマークは平らな国で高い山がないので、高さ85メートルほどのコペンヒルは、コペンハーゲンにできた「山」として一躍注目を浴びていました。取材で上まで登ったこともあるのですが、離れてその姿を見るのもいいものです。人工の山を見ながら、人工のビーチで泳ぐ。ザッツ・コペンハーゲン。

海からの帰り道、小さなトラックが道に停まるのが見えました。

「アイスクリームを売りに来るんだよ。僕が子どもの頃からあるよ」とヤコブ。

「日本でもこういう、ひとつの物だけを車で売りに来るのって、ある？」と聞かれて、「ひとつの物だけ」という表現がおもしろいなあと思いながら、とっさに思いついたのは豆腐屋さんでした。

「ラッパを鳴らしながら、住宅街をまわって来るの。昔はみんな家から鍋とかタッパーを持ってきて、入れてもらって。でもいまは見ないなあ。ドラマとか映画で、郷愁を誘うシーンで出てきたりするけど」と説明すると
「豆腐って、あの豆腐⁉」

答えが予想外すぎたのか、目を丸くして驚いていました。北欧でもスーパーマーケットなどで豆腐を見かけるようになりましたが、けっこういい値段がするので、移動販売で売りに来るなんて想像がつかないのかもしれません。

先ほどまで停まっていたアイスクリームの車が、カンカンと鐘の音を鳴らして、走り去っていきました。

「子どもの頃はあの鐘の音を聞くと、ほら来た！　って喜んで、買いに行ったよ」

との言葉に、ああそういえばと思い出しました。

「焼きいもは、よく売りに来てたなあ。日本ではさつまいもを焼いて、おやつに食べるの。専用の車があって石で焼いて出すんだよね。いしやきいも〜って、スピーカーから音を流しながら住宅街をまわって、それが聞こえると、おばあちゃんとよく買いに行ったよ」と話しながら、祖母と歩いた道を思い出していました。

「最近も駅前なんかで売ってるんだけど、ものすごく高くなっちゃったんだよね。こんな小さくて……」５００円もするんだよと言おうとして、いまのレートだと５００円って25クローネ、いや20クローネ？　いやあデンマーククローネ、高くなったなあ。そもそも、さつまいもが１本５００円とは、デンマーク人にとっては高いのだろうか？　と考えがめぐりました。まあ、いまのレートなら、来日する彼らにとって高くはあるまいと思い直して
「いも好きなデンマークの人には、おすすめのおやつだよ。寒い時期に日本に来ることがあったら、ぜひ食べてみて」と伝えました。

泳いだ後ということもあって、いつも帰り道はとりとめのない話になります。それがまた心地いいのですけれど。

おわりに

北欧のいいところばっかり書いてしまう言い訳

はじめて北欧を旅してから、今年で20年になります。以前に比べて、日本で「北欧」が注目される機会は本当に増えました。それにつれて、ずいぶん雑だな〜と思うような「北欧論」も以前より見かけるようになりました。それだけ注目されてきたということでしょう……が、時折危うさも感じます。

そのような状況において、かねてよりの北欧好きとして何ができるだろうか、何かできることはないかと考えたとき、やっぱり自分の体験したことを、一つひとつ書いていくしかないのだなあと思います。わたしは北欧に惹かれている人間なので、いいことばっかり書いてしまうのですが、だからこそ、どの辺りがどんなふうに好きか、自分の頭や身体を通して感じたことを、正直に具体的に言葉にしていきたいなと思うのです。

今回の本で19冊目の著書となります。すべての本で、（基本的に）北欧のいいところばかりを書いてきました。まだまだ書ける気がします。雑に論じられ雑に消費される流れに抵抗するためにも、今後も書きつづけられたらいいなと思っています。

前著につづけて声を掛けてくださった大和書房の松岡さん、「läsebok（→P.126をご参照ください）のようなイラスト」を叶えてくれたサカガミさん、北欧でさまざまな体験をさせてくれる友人たち、旅する機会をくれた方々、そして20年にわたって北欧をともに旅して、わたしが書きつづけられるようサポートしてくれる夫に、この場を借りて感謝を捧げます。

うんざりするようなニュースが絶えない時代ですが、旅ができる日々がこれからもつづいていきますように！　そう願いつつ、自分にできることをしていきたいと思っています。

2025年3月

森百合子

森 百合子　もり ゆりこ

ライター、エッセイスト。北欧で取材を重ね、旅や暮らし、インテリア、映画を中心に執筆。著書に『探しものは北欧で』（だいわ文庫）、『3日でまわる北欧』シリーズ（トゥーヴァージンズ）、『北欧おみやげ手帖』（主婦の友社）、『日本で楽しむ わたしの北欧365日』（パイ インターナショナル）など。北欧の食器とテキスタイルの店「Shop Sticka（スティッカ）」を運営し、セミナー講師、イベント企画や監修にも関わる。NHK『世界はほしいモノにあふれてる』、Eテレ『趣味どきっ！』などメディア出演多数。
https://hokuobook.com/　Instagram　@allgodschillun

本作品は当文庫のための書き下ろしです。

読んで旅する
よんたび

待《ま》ちあわせは北欧《ほくおう》で

著者　森《もり》 百合子《ゆりこ》

2025年4月15日　第1刷発行

発行者　佐藤 靖
発行所　大和《だいわ》書房
東京都文京区関口1-33-4
電話 03-3203-4511
フォーマットデザイン　吉村 亮（Yoshi-des.）
本文デザイン　仲島綾乃
本文イラスト　サカガミクミコ
本文印刷　シナノ印刷
カバー印刷　山一印刷
製本　ナショナル製本

ISBN978-4-479-32126-2
乱丁本・落丁本はお取り替えいたします
https://www.daiwashobo.co.jp